CORRUPÇÃO

Este livro foi revisado segundo o Novo Acordo Ortográfico da Língua Portuguesa.

Todos os esforços foram envidados no sentido de garantir o devido crédito aos detentores de direitos autorais e de imagem. No caso de um detentor se identificar, faremos com prazer constar o crédito nas impressões e edições seguintes.

Direção editorial
Martha Ribas
Ana Cecilia Impellizieri Martins

Editora
Fernanda Cardoso Zimmerhansl

Editora assistente
Marina Boscato Bigarella

Coordenação editorial
Renata Santos

Copidesque
Debora Fleck

Revisão
Adriana Alves

Assistente de pesquisa
Carlos Taveira

Capa e projeto gráfico
Retina 78

CIP-BRASIL. CATALOGAÇÃO-NA-FONTE
SINDICATO NACIONAL DOS EDITORES DE LIVROS, RJ

M247c

Manoel, Marco
Corrupção, mostra a sua cara / Marco Manoel. - Rio de Janeiro : Casa da Palavra, 2012.
Inclui bibliografia
ISBN 978-85-7734-268-6

1. Brasil - Política e governo. 2. Corrupção na política - Brasil. I. Título.

12-3435. CDD: 320.981
CDU: 32(81)

23.05.12 31.05.12 035779

CASA DA PALAVRA PRODUÇÃO EDITORIAL
Av. Calógeras, 6, 1001 – Rio de Janeiro
21.2222-3167 21.2224-7461
divulga@casadapalavra.com.br
www.casadapalavra.com.br

Marco Morel

CORRUPÇÃO
MOSTRA A SUA CARA

SELEÇÃO DE IMAGENS
RENATA SANTOS

Casa da Palavra

Para Cristina, em nome da vida.
Para Ana Paula, vida sempre renovada.

Para meu avô Edmar (em memória)
e meu pai Mário, jornalistas que sempre
lutaram corajosamente contra a corrupção.

Agradecimentos
Ângela Porto, Cássio Loredano, Isabel Lustosa, Família Nássara/Oscar Barbosa Mattos Júnior, Família J. Carlos/Eduardo Brito e Cunha e Oscar Henrique Liberal

PREFÁCIO

UM TEMA OPORTUNO

Quem se acostumou a ver em Marco Morel o pesquisador infatigável que devassa fatos e personalidades do Brasil do século XIX certamente se surpreenderá com este trabalho que a Casa da Palavra está oferecendo ao conhecimento da sociedade. Marco Morel faz aqui um mergulho no Brasil contemporâneo, relatando os acontecimentos que marcaram as últimas décadas da vida nacional no campo político e social, em que não foram poucas nem isoladas as manifestações de desapreço à coisa pública e à ética no exercício de funções que deveriam ser honradas e dignificadas e não o foram. Sem falso moralismo, Morel disseca com visível rigor crítico estes tempos em que a improbidade caminha à solta, sem que a cidadania encontre o consolo de perspectivas de extinção desses hábitos e de punição de seus agentes mafiosos.

Morel alia à capacidade de pesquisa um forte poder de narração, que transforma seus textos numa fonte de prazer. Esse domínio da arte e da técnica de escrever foi por ele apurado desde muito jovem, quando se iniciou na pesquisa histórica, trabalhando com o saudoso Professor José Nilo Tavares no estudo *A imprensa na década de 20,* que a Associação Brasileira de Imprensa promoveu na segunda metade dos anos 1970. Esse foi seu ponto de partida para estudos mais ambiciosos e destacados que contribuíram para a história do Brasil, como, por exemplo, o que publicou acerca do revolucionário Frei Caneca, em 2000; de outro revolucionário, Cipriano Barata, em 2001; as regências do período 1820-1830 e o surgimento da imprensa no Brasil, ambos em 2003; a evolução da imprensa, os atores políticos e a sociedade no âmbito da cidade imperial do período 1820-1840, em 2005, entre outros trabalhos.

Formado jornalista no início de sua vida intelectual e profissional, seguindo a trilha do avô, o admirável Edmar Morel, cujo centenário se comemora este ano, e do pai, o multimídia Mário Morel, ás da imprensa escrita, da publicidade e da televisão, Marco Morel orna sua trajetória com a titulação de mestre em História pela Universidade Federal do Rio de Janeiro, doutor em História pela Université Paris 1 e pós-doutor pela Universidade de São Paulo. Mais que os títulos, o que o valoriza é a fecunda obra que vem construindo, a que acrescenta o bem lembrado e oportuno tema para este livro.

Maurício Azêdo, jornalista, é Presidente da
Associação Brasileira de Imprensa-ABI.

BRASIL

CORRUPÇÃO

Desconfiai do mais trivial,
na aparência singelo.
E examinai, sobretudo,
o que parece habitual.
Suplicamos expressamente:
não aceiteis o que é de hábito
como coisa natural,
pois em tempo de desordem sangrenta,
de confusão organizada,
de arbitrariedade consciente,
de humanidade desumanizada,
nada deve parecer natural
nada deve parecer
impossível de mudar.

"Nada é impossível de mudar."

BERTOLT BRECHT

DUAS PALAVRINHAS INICIAIS

Uma história completa da corrupção no Brasil? Difícil não, impossível! Seriam dezenas e dezenas de grandes volumes de uma obra incompleta e, infelizmente, inacabada.

Atenção, leitor, à síndrome dos Flintstones! Quem não conhece aquele charmoso desenho animado ambientado na Idade da Pedra no qual Fred, Wilma, Barney, Betty, Pedrita e Bambam andavam de carro, subiam em elevador, assistiam à televisão, usavam liquidificador, tudo de pedra. Era como se o passado fosse igualzinho ao presente, mudando apenas a matéria-prima. Mas o passado nem sempre é de pedra e, sobretudo, não é uma repetição do presente, ou vice-versa. São nossos belos olhos que arriscam enxergar desse jeito.

A intenção destas mal-traçadas linhas não é passar a ideia de que tudo-sempre-foi-e-sempre-será-assim. Nada é impossível de ser mudado. A *coisa* sempre existiu, mas com formas, linguagens e referências diferentes. O que é considerado bandalheira numa época não necessariamente será assim tratado em outra. Não acreditamos numa corrupção única e atemporal que se mantém ao longo das gerações, passando de pai para filho, mas em corrupções diversificadas que se reinventam, ou melhor, são reinventadas a cada dia, em cada tempo histórico. Não buscamos (e será que existe?) a raiz ou origem (Big Bang) essencial da corrupção. Como afirmou Gilberto Gil, quem tem raiz é mandioca. Embora santos e demônios habitem o planeta, a maioria das pessoas não é santa, nem demoníaca.

É vital para uma sociedade combater com veemência a corrupção. O mundo será melhor à medida que esse mal diminuir (se acabasse então, melhor ainda). No entanto, estamos convencidos de que o fim (não custa sonhar) da corrupção não tornaria a sociedade justa. Muita gente boa acha que a sociedade é adequada, que a ordem social, econômica e política é boa ou equilibrada e que, eliminada a corrupção, tudo estaria no seu lugar. Se a estrutura social é baseada em injustiça, violência e desigualdade, o fim da roubalheira do dinheiro público (e, até mesmo, a mudança de comportamento da população em geral) não seria suficiente para vivermos numa terra sem males. A pobreza e o mau funcionamento da administração pública não são causados, apenas, pela corrupção. Ela não é somente causa, mas também efeito e consequência da injustiça. Ambas estão interligadas. É importante combatê-las, a desigualdade e a desonestidade, juntas. O fim de uma não implica a extinção da outra.

Apresenta-se aqui um livro de história escrito em estilo de crônica, com alguns momentos de ficção literária. Nestes, qualquer semelhança com a realidade não é mera coincidência, tem tudo a ver mesmo. Procuramos narrativa agradável para um tema desagradável. A velha arte brasileira: rir em vez de chorar. Mas tem horas que não dá nem para sorrir. As referências dos livros e documentos utilizados encontram-se ao final do volume.

A corrupção possui rostos, vozes, aparências, motivos e meios variados. Como captar essas nuances? Temos as figurinhas carimbadas, pessoas que notoriamente são acusadas de práticas ilícitas ou associadas a comportamentos duvidosos. Existem, e são muitos, os que confundem o público com o privado, o governo ou os espaços comuns com seus próprios interesses, suas próprias casas. Não dá para ignorar a dimensão social da corrupção, corrosiva, que fez e faz mal a tantas vidas. E quem ainda não se deparou com os jeitinhos e jeitões tão presentes em nosso dia a dia, não apenas entre os políticos? Atenção, atenção! Não se iludam com os alarmes falsos! Denúncias sem fundamento acabam virando verdade, de tão repetidas, mas com o tempo se esfarinham. Por fim, cá entre nós, não precisa espalhar. Sabemos que tem muita gente honesta por aí, anônimos ou notórios. É justo que o livro se encerre com alguns desses exemplos, numa homenagem a nós mesmos. Faz parte da tradição brasileira, também, o repúdio à corrupção. Estas são as seis partes deste livro, mas não precisam ser lidas necessariamente nessa ordem. A sétima parte será feita pela leitora e pelo leitor que aceitarem nosso convite para esta viagem. As duas palavrinhas já viraram 658 até aqui. Passo a bola adiante.

Marco Morel

FIGURINHAS CARIMBADAS

O PRIMEIRO GOVERNANTE A GENTE NUNCA ESQUECE

– SOBRETUDO DEPOIS QUE CONHECE –

Tomé de Souza deixou má fama e boa reputação. Primeiro governador-geral do Estado do Brasil, nomeado por D. João III em 1549 (quase meio século depois da passagem de Pedro Álvares Cabral), parece ter inaugurado entre nós o estilo "rouba, mas faz". Reputação pelas realizações, fama pela liberalidade no uso da verba d'El Rei. Foi enviado com plenos poderes a fim de garantir a conquista das novas terras a Portugal. Aqui chegando, ordenou logo inspetoria entre os moradores e funcionários reais instalados: relatou ao rei que havia em toda parte povoada de europeus "uma pública ladroagem e grande malícia, porque cuidavam que lhe não haviam de tomar nunca conta, viviam sem lei nem conheciam superior". Tomé de Souza resolveu colocar ordem na bagunça. Selou a paz com índios, até então hostis aos novos colonizadores, e colocou-os para trabalhar na construção do agrupamento urbano que seria a primeira capital do Brasil: Salvador, na Bahia.

O primeiro governador gastou no seu triênio quantia considerada excessiva na época, 300 mil cruzados, em soldos, ordenados de ministros, edifícios da Sé, casa dos padres da Companhia, ornamentos, sinos, artilharia, gado, roupas etc. O dinheiro rolou solto. Afinal, o rei ordenara que seu enviado ao longínquo Brasil poderia fazer "algumas dádivas a quaisquer pessoas". E assim foi feito.

Conta frei Vicente do Salvador, cronista e historiador naquela época, que ao saber por um meirinho (funcionário da Coroa) que chegara de Lisboa a nau que o levaria de volta, encerrando sua administração, Tomé de Souza desabafou: "Vedes isso, meirinho, verdade é que eu o desejava muito, e me crescia a água na boca quando cuidava em ir para Portugal, mas não sei que é que agora se me seca a boca de tal modo, que quero cuspir, e não posso."

Com a sutileza dos franciscanos, frei Vicente do Salvador anotou: "Não deu o meirinho resposta a isto, nem eu a dou, porque os leitores deem a que lhes parecer." Entretanto, sobre outro governador-geral do Brasil, Luís de Souza, opinou o mesmo cronista, deixou "a todos saudosos com a sua ausência, porque nunca por obra nem por palavra fez mal algum, e foi muito rico sem tomar o alheio". A resposta dos leitores à pergunta de frei Vicente não é difícil de encontrar: Tomé de Souza inaugurou entre nós o "governo da boquinha".

**"As pesso
chegam ac
não se tra
elas se rev**

Frei Betto

s quando
poder
sformam,
lam."

O CALCANHAR DE LACERDA

Carlos Frederico Werneck de Lacerda (1914-1977), ou simplesmente Carlos Lacerda, foi o político brasileiro que realizou as mais famosas campanhas moralizantes na história do país. Campanhas explosivas. A ponto de ficar conhecido como Demolidor de Presidentes.

O "mar de lama" que culminou no suicídio de Getúlio Vargas, as acusações sobre a construção de Brasília, as brigas e pressões que levaram Jânio Quadros à renúncia e as denúncias de "subversão e corrupção" que serviram de palavra de ordem ao golpe de 1964 que destituiu João Goulart foram episódios precedidos da figura e das palavras incendiárias, estilo panfletário, daquele que era tratado pelos adversários – graças a caricatura do Lan (reproduzida ao lado) – pelo apelido de O Corvo. A tônica de seus discursos, neste campo: defesa da moralização pública, faxina na administração, demissão dos corruptos, eficiência administrativa, bons costumes e decência, e ataques pessoais violentos a governantes adversários tidos como ladrões e depravados.

Diz o provérbio que qualquer um, visto de perto, tem problemas. Pode ser. Quem conhece a história de Raul Miranda Santos? Ou, simplesmente, Raul Barulho. Notório contraventor, ligado à cúpula do jogo do bicho no Rio de Janeiro dos anos 1940-70, era chefe da segurança e braço direito de Vitor Fernandes, então o mais poderoso chefão. Sua carreira vinha de longe: fora chefe de segurança do presidente Washington Luís, deposto pelo movimento de 1930.

Entre a eleição para governador do novo estado da Guanabara e sua posse (3 de outubro e 5 de novembro de 1960, respectivamente), Carlos Lacerda (UDN) fez uma viagem de volta ao mundo (ou parte dele), indo parar na China. Sugestivo registrar que no périplo internacional o governador eleito da Guanabara se fez acompanhar de grupo bem seleto: seu filho Sérgio, o jornalista Mário Morel e Raul Barulho, além de mais alguns poucos. A viagem foi fartamente fotografada. Mas o que faria um bicheiro na pequena comitiva? Em meio aos raios e trovões do vibrante tribuno, o detalhe passou despercebido, ou quase.

Já eleito governador, o escândalo veio a público logo no primeiro semestre de 1961. A oposição acusava: a campanha de Lacerda ao governo fora financiada pela contravenção. O governador defendeu-se, mas as evidências não paravam de aparecer. Não havia como ocultar proximidade com Raul (Lacerda dispensava o apelido no tratamento). Raul Barulho, por sua vez, não negava a proximidade com Carlos. Declarava em alto e bom som que, como amigo particular, tinha livre acesso ao Palácio Guanabara (sede do governo estadual do Rio de Janeiro) e participara ativamente da campanha eleitoral. Presença confirmada por correligionários, entre os quais o coronel Heitor de Caracas Linhares, amigo pessoal e assessor militar de Lacerda no governo. O procurador Araújo Jorge admitiu que pelo menos sete cheques de bicheiros foram entregues ao governo estadual, mas negou que o valor fosse de Cr$ 50 milhões (moeda da época).

Tais relações perigosas vieram à tona com a prisão inesperada de outro bicheiro, Jerônimo Sotero de Carvalho, acusado de subornar dez policiais do governo estadual. Foi aberta uma CPI do Jogo do Bicho na Assembleia Legislativa da qual participaram, entre outros, os deputados Hércules Corrêa (comunista sob a legenda do PTB) e a escritora Adalgisa Nery (PSB). Descobriu-se que Raul Barulho fora o criador da Fundação Otávio Mangabeira (FOM), que repassava verbas ao governo Lacerda. Daí os cheques admitidos pelo procurador. O escândalo foi abafado e o contraventor, que acompanhava Lacerda havia anos, teve sua entrada proibida no Palácio Guanabara. Raul Miranda Santos continuaria a agir, sem muito barulho, nas sombras e nos negócios durante a ditadura civil-militar. Há indícios de que esteve envolvido em contrabando de armas com os próprios militares e teria comércios com Adhemar de Barros.

DONA MARIA TEREZA

JUCA CHAVES

Dona Maria Tereza
Diga a seu Jango Goulart
Lugar de feijão é na mesa
E de Lacerda é noutro lugar...

HISTÓRIA DA CAROCHINHA

BOX 001-MM-C

"A Fundação Otávio Mangabeira nasceu em 1961. Era uma entidade privada, funcionando com recursos oriundos de empresas privadas e recebia ainda subvenções federais e estaduais. Ela possuía um único objetivo: construir escolas públicas no estado da Guanabara, a baixo custo, e em um breve espaço de tempo, para atender a uma possível demanda das camadas mais humildes. [...] Lacerda, hoje, é lembrado como aquele que popularizou o acesso das camadas sociais mais baixas à educação pública."

Depoimento do historiador Gilvan Santos publicado no site do Centro de Referência da Educação Pública da Cidade do Rio de Janeiro, órgão da prefeitura carioca.

O LACERDINHA

BOX 002-MM-C

Nos anos 1960, um inseto, minúsculo, disseminou-se como praga nas ruas cariocas, abrigando-se nas grandes árvores, especialmente os fícus que ensombrecem as calçadas. Seu nome científico: Thysanoptera. Seu nome vulgar: lacerdinha. Animal fininho, de cor preta, que varia entre meio a 13 milímetros de tamanho. Seu hábito: cair das árvores e grudar nos olhos dos passantes, causando incômodo e irritação, que logo desapareciam. Os lacerdinhas sumiram da paisagem carioca.

À SOMBRA DA MANGUEIRA

Rumoroso caso de relacionamento entre políticos e criminosos aconteceria cerca de quatro décadas após as denúncias em torno de Carlos Lacerda. O secretário estadual de Turismo do Rio de Janeiro, Francisco Manoel de Carvalho, vulgo Chiquinho da Mangueira (ou do Maracanã), foi acusado frontalmente pelo coronel Erir Ribeiro Costa Filho, então diretor do Centro de Comando e Controle da Secretaria de Segurança, de ser intermediário e defender interesses do tráfico de drogas no lendário morro da Mangueira, em 2003.

Em particular dos traficantes Francisco Paulo Testas Monteiro (Tuchinha) e Alexander Mendes da Silva (Polegar), identificados à facção criminosa Comando Vermelho. Testemunhas afirmam ter presenciado mais de vinte visitas de Chiquinho a estes dois, quando passaram uma temporada bienal no presídio de Bangu III. Era o governo Rosinha Garotinho (PMDB), no qual o marido e antecessor dela, Anthony Garotinho, atuava como eminência parda. O coronel foi exonerado do cargo e não retirou nenhuma das acusações (que não foram apuradas), baseadas não só no seu testemunho pessoal, mas em investigações conduzidas pelos serviços secretos da Marinha e do Exército e pela Assembleia Legislativa. Em 2011, o coronel Erir foi nomeado comandante-geral da Polícia Militar do governo de Sérgio Cabral Filho (PMDB), e Chiquinho da Mangueira, eleito deputado estadual (PMDB) pela terceira vez, tornou-se vice-líder do governo na Assembleia Legislativa. A vida pública não parece ter passado por grandes mudanças entre Garotinho e Cabralzinho.

LEGALIZAR OU NÃO LEGALIZAR... O JOGO DE BARALHO?

Entre as contravenções combatidas pela metrópole portuguesa figurava o baralho. Estácio de Sá, primeiro governante lusitano do Rio de Janeiro, baixou decreto no século XVI proibindo jogos de cartas, dados e até de bola. Não é difícil perceber que a lei não pegou, já na época. Acumularam-se tantos processos que logo foi concedida anistia geral; sob a condição de que os reincidentes pagassem pesada multa.

As autoridades mudaram de estratégia: estabeleceram o monopólio da fabricação e venda de baralhos, tornando oficial o que era proibido. Passou então a ser considerado crime trazer de fora, vender e usar cartas, no Brasil, que não fossem fabricadas em Portugal. Ninguém podia vender, carregar, usar ou ter em casa baralhos que não fossem os autorizados. Quem desrespeitasse a ordem incorreria em prisão, multa e seria chicoteado em praça pública. Os soldados d'El Rei poderiam fazer buscas nas residências, embarcações e locais públicos. Em 1641 a Coroa portuguesa terceirizou o monopólio concedido depois a certo Lourenço Solesio, que mereceu condições bem favoráveis. Havia um vaivém dos benefícios, alguém no governo estava lucrando. Isento de taxas de alfândega, cada jogo custava 100 réis em Portugal e 150 réis no Brasil. Os favorecidos dos contratos de fabricação e venda de cartas mantinham vários privilégios, como proteção de seus bens de qualquer investida da metrópole e até uso livre de armas. Surgiu assim um tipo de bandido arrogante, truculento, privilegiado e oficioso, ligado ao lucro dos jogos e em contato com os governantes. Logo após a Independência, o governo liberou geral: acabou com o monopólio dos baralhos, permitindo a livre entrada, fabricação e venda, desde que submetidas às exigências da lei.

PERFIL DO POLÍTICO CORRUPTO

VARNECI NASCIMENTO

Gatuno, rato, ladrão,
Biltre, larápio, indecente,
Calhorda, abjeto, infame,
Enganador, prepotente,
Vêm formando os governos,
No Brasil, infelizmente.

O MINISTÉRIO DO JOGO DO BICHO

Nas eleições para presidente da República em 1989 os debates foram acalorados. Era o primeiro pleito desde a eleição de Jânio Quadros, 29 anos antes. Mais uma vez no Rio de Janeiro levantava-se a poeira da ligação dos bicheiros com os políticos. Leonel Brizola governara o estado entre 1983 e 1986, e seu vice-governador, o antropólogo e educador Darcy Ribeiro, chegou a afirmar, num almoço com notórios chefes da contravenção, que o jogo do bicho fazia parte da cultura popular e que os bicheiros eram engraçados, como os índios.

Candidatos ao Palácio do Planalto em 1989, Brizola e Paulo Maluf se desentenderam sobre o delicado assunto. Prato cheio em campanha eleitoral é acusar o adversário de vínculo à contravenção, que abrange não apenas jogos de aposta, mas também ligações notórias e recorrentes com redes de prostituição, contrabando, lavagem de dinheiro, corrupção da polícia e de outros funcionários públicos, assassinatos, ajustes de conta etc. Assim fez Paulo Maluf com Brizola. Indagado por jornalistas se, caso vitorioso, formaria um governo de união nacional e convidaria Brizola a participar, Maluf não se fez de rogado e, com seu sorriso dentário e dicção pausada, respondeu sem vacilar: "Claro que sim, eu o convidaria para o Ministério do Jogo do Bicho."

Poucos dias depois, os dois experientes políticos encontraram-se casualmente num aeroporto e, sob a luz dos holofotes, Maluf dirigiu-se a Brizola para abraçá-lo, largo sorriso em dentadura. O político gaúcho interrompeu-o em pleno arremesso e passou-lhe uma descompostura, diante dos repórteres, dedo em riste: "Não me cumprimente! Você disse que me chamaria para o Ministério do Jogo do Bicho! Respeite meus cabelos brancos, não me cumprimente!"

O sorriso de Maluf desvaneceu-se e, "fechando o piano", ele se afastou rapidamente do local. Diz o provérbio que boca fechada não engole mosca.

O GRAVADOR DE JURUNA E AS *MALUFADAS*

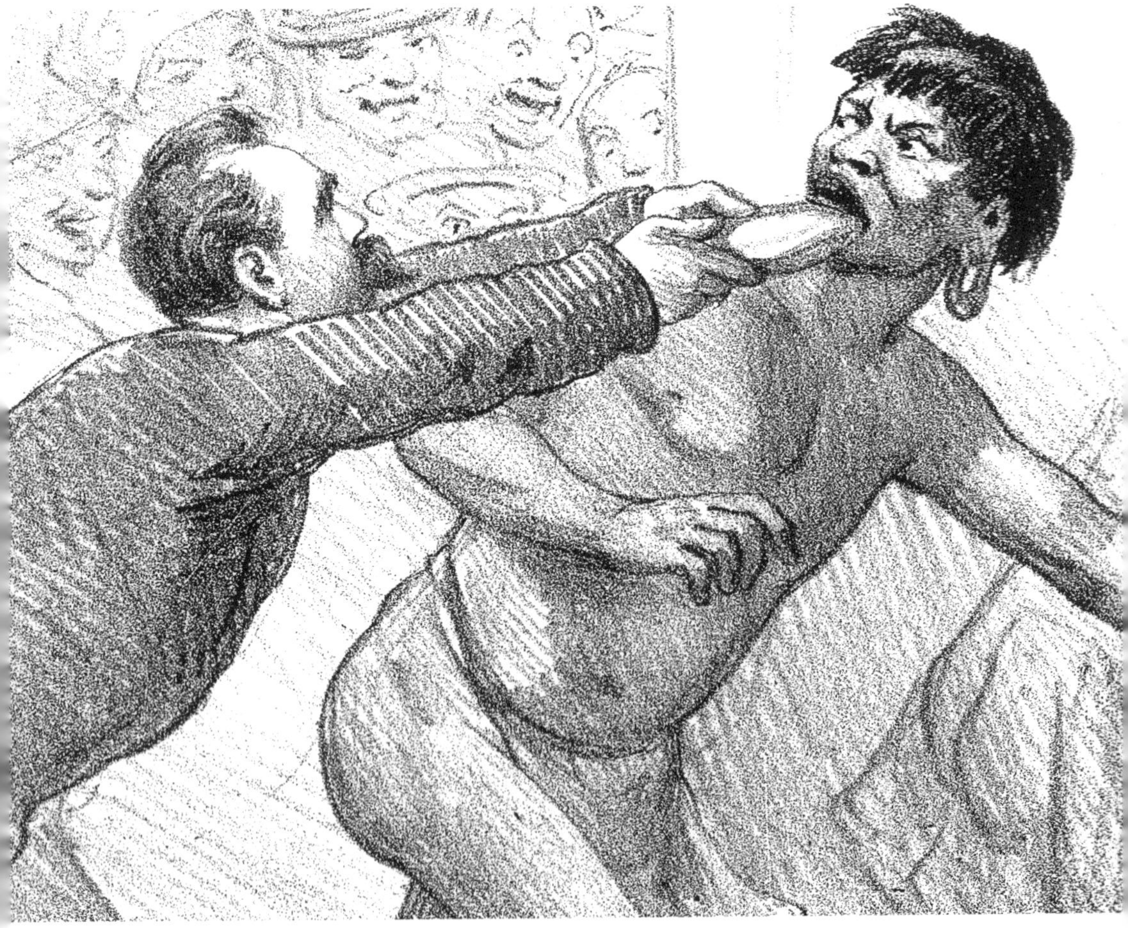

Butsé Dzuruna (1943-2002), conhecido entre nós por Mário Juruna, foi o primeiro e único índio a se eleger deputado federal (1983-1987) no Brasil, pelo PDT. Em suas primeiras idas e vindas pelos ambientes políticos e burocráticos, percebeu que a maioria de seus interlocutores não era lá muito confiável. Resolveu adotar método simples e prático: usar um gravador (não escondido) em suas conversas. Daqueles de fita cassete, como se usava na época. Ligava-o na cara da pessoa. As reações variavam: os involuntários entrevistados reclamavam, faziam-se de ofendidos, alguns se recusavam a conversar, outros passavam a falar amenidades.

Os jornalistas e a população apoiavam, se divertiam. Pena que o cacique xavante não utilizou o gravador em todas as conversas. Em pronunciamento no plenário, Juruna acusou o presidente da República (general João Baptista Figueiredo) e seus ministros de corruptos, ladrões e adjetivos congêneres, o que lhe valeu intimidações e ameaças de cassação do mandato.

Corria o ano de 1984, a campanha das Diretas Já fora derrotada e a eleição presidencial seria indireta, isto é, decidida pelos congressistas. Corriam rumores de que o candidato situacionista, Paulo Maluf, estaria distribuindo dinheiro aos parlamentares para derrotar seu adversário, Tancredo Neves. Em outubro, Juruna convocou a imprensa e apresentou uma valise cheia de dinheiro: afirmou ter recebido a bolada das mãos do empresário Calim Eid, coordenador da campanha de Maluf, para que votasse no candidato ou se ausentasse no dia da votação. Inicialmente aceitou a quantia, mas arrependeu-se e disse ter sido aconselhado a denunciar publicamente a tentativa. Os acusados de corruptores negaram. Juruna, que teve 14 filhos, faleceria em situação de pobreza num precário hospital público, em 2002, após longa e penosa enfermidade, afastado dos palcos e bastidores políticos.

“Nós sabemo
não somos bo
apenas omiss
cínicos e cada
moralmente
ninguém é pe

João Ubaldo Ribeiro

de tudo e
os, somos
s, submissos,
vez mais
sensíveis –
feito."

SOL QUADRADO

Paulo Maluf ficou quarenta dias preso no cárcere da Polícia Federal, em São Paulo, no ano de 2005. Viu-se acusado de intimidar uma testemunha no processo que corria contra ele para investigar denúncias de corrupção, formação de quadrilha, lavagem de dinheiro e evasão fiscal (remessa de dinheiro ilegal para o exterior).

Conseguiu responder ao inquérito em liberdade, alegando problemas de saúde para permanecer na cadeia. O Ministério Público da Suíça admitiu a existência de U$S 13 milhões em bancos do país, pertencentes à família de Maluf, dizendo-se disposto a remeter a quantia ao Brasil, desde que houvesse condenação definitiva do acusado (hoje, deputado federal, com 80 anos), o que não ocorreu. As investigações apontam a provável existência de dinheiro de familiares de Maluf em paraísos fiscais como as ilhas Jersey e Luxemburgo, além da França, num total que chegaria a US$ 100 milhões. Essa seria, segundo hipóteses e estimativas, a soma acumulada pelo desvio de dinheiro público e corrupção, correspondente ao quase meio século de vida púbica do líder político. Ou seja, o quádruplo do que se supõe ter sido amealhado por Adhemar de Barros.

O VERBO MALUFAR

BOX 003-MM-C

Trata-se de neologismo que significa roubar dinheiro dos cofres públicos. Pelo menos é o que informou o jornal francês *Le Monde*, em 13 de setembro de 2005. A notícia foi transcrita no mesmo dia pela *Folha de S. Paulo*. Trata-se de um verbo curioso, sobretudo se conjugado no pretérito imperfeito do subjuntivo. E se:

eu malufasse

tu malufasses

ele malufasse

nós malufássemos

vós malufásseis

eles malufassem?

A CAIXINHA DA POLÍCIA

Muitos conhecem “Pelo telefone”, música de autoria de Ernesto dos Santos (o Donga) considerada o primeiro samba gravado em disco, em 1917.

O chefe da Polícia,
pelo telefone,
mandou me avisar
Que na Carioca
tem uma roleta
para se jogar...

É só prestar atenção na letra. Naquele raiar do século XX, o comandante da força policial estaria enredado nos jogos ilícitos e na contravenção? Bem ali no Largo da Carioca, centro da então capital federal?

CAIXINHA, OBRIGADO!

JUCA
CHAVES

A situação do Brasil vai
muito mal;
Qualquer ladrão é patente
nacional;
Um policial, quase
sempre, é uma ilusão
E a condução é artigo
racionado.
Porém, ladrão... isso tem
pra todo o lado!
Caixinha, obrigado!

O "MENSALINHO" POLICIAL

Trata-se de escândalo ocorrido no governo Juscelino Kubitschek. Policiais em plena capital federal, nas proximidades do Palácio do Catete (Brasília seria inaugurada no ano seguinte), e por toda a cidade, tomavam dinheiro de vários setores da população. De forma organizada e sistemática. A cada mês. Desta vez, e foi a primeira, a corrupção na polícia foi comprovada na imprensa: flagrantes fotografados, testemunhas depondo. Vieram à tona as caixinhas: dos comerciantes, da prostituição, do jogo do bicho, dos cassinos clandestinos, dos ferros-velhos, dos hotéis e, acreditem, das cartomantes. Policiais cobravam taxas a pretexto de proteção. O Rio de Janeiro de JK parecia a Chicago de Al Capone.

A façanha foi do repórter Mário Morel (então com 22 anos), na publicação semanal *O Mundo Ilustrado*, de abril de 1959. O comerciante Carlos Sampaio cansou de ser extorquido e, impossibilitado de registrar queixa no local adequado, dirigiu-se à redação do periódico, disposto a contar tudo. O jornalista, acompanhado de fotógrafo, foi à loja do denunciante (na Praia de Botafogo) e, escondidos, fotografaram o inspetor Nildo Russo (braço direito do delegado Agnaldo Amado) em ação. Na mesma hora apareceram diante do policial, que, transtornado, ameaçou matá-los. Estes perceberam um soldado da PM que passava por acaso nas proximidades e foram pedir-lhe que testemunhasse a ocorrência, refreando o ímpeto do policial corrupto. Surgiu daí uma das mais graves crises políticas do governo JK.

A repercussão foi explosiva e logo se instalou uma Comissão Parlamentar de Inquérito (CPI), composta por deputados oposicionistas (o tenente-coronel reformado da PM

Menezes Cortes e José Sarney em primeiro mandato) e governistas (Pimenta da Veiga e Arthur Virgílio). Encorajadas pela repercussão, apareciam novas testemunhas denunciando outras caixinhas.

O autor da reportagem (pai do autor deste livro), ostensivamente seguido pela polícia civil e ameaçado, obteve segurança 24 horas do ministro da Justiça, Armando Falcão, e passou a andar com escolta. Em certa altura, Menezes Cortes resolveu ir pessoalmente tomar satisfações com o chefe da Polícia do Rio de Janeiro, o general do Exército Amaury Kruel. Este, sentindo-se ofendido ou provocado, deu bofetadas no deputado coronel. Um general policial agredindo um parlamentar na capital do país: o governo federal, em apuros diante de inflamados protestos de parlamentares e da imprensa, demitiu Kruel.

E as caixinhas? O inspetor Nildo Russo, transferido para serviços burocráticos, sumiu do mapa. Agnaldo Amado, titular da delegacia da Lapa (lendária zona de meretrício carioca) e de ilustre família, não foi atingido. O esquema incluía outras delegacias: da Economia Popular, dos Costumes... Funcionou, mais uma vez, a autoproteção policial e a conivência de líderes políticos locais e nacionais. O país de JK voltou a sorrir. E se ninguém foi incomodado (a não ser o repórter, que recebeu quatro processos por calúnia, injúria e difamação, sendo absolvido em todos), nem as caixinhas eliminadas, é de se supor que até hoje...

O CHEFE DA POLÍCIA NO XILINDRÓ

Chefe da Polícia do Rio de Janeiro entre 1999 e 2007 (governos Anthony e Rosinha Garotinho), Álvaro Lins (PMDB), mal deixou o cargo, foi parar no xadrez que ele mesmo comandara por vários anos. Condenado a 28 anos de prisão por formação de quadrilha armada, corrupção e lavagem de dinheiro, pela 4ª Vara Federal Criminal do Rio de Janeiro, cumpriu quase um ano no presídio de segurança máxima Bangu 8, em Regime Disciplinar Diferenciado (RDD), isto é, com maior controle. Lins teve seu mandato de deputado estadual cassado pelos próprios parlamentares. Entre as acusações, estava a de lotear os cargos das delegacias e favorecer organização criminosa de exploração de jogos de azar (máquinas caça-níqueis e bingos), esta última não comprovada, apesar de haver indícios. Estaria o comandante da força policial enredado em jogos ilícitos e na contravenção, no raiar do século XXI? Bem ali no centro do governo, como canta o samba sincopado e primordial de mestre Donga? Hoje em dia o telefone é celular e tem ainda a internet. Donga teria que adaptar o seu samba.

OS ARREPENDIDOS IRÃO PARA O CÉU?

A igreja Assembleia de Deus dos Últimos Dias tem um novo fiel: o ex-chefe da Polícia e criminoso condenado, Álvaro Lins. "Glória de Deus!", exclama ele, braço levantado, em meio a outros adeptos do culto. A igreja, situada em São João de Meriti, na Baixada Fluminense, é comandada pelo pastor Marcos Pereira, conhecido por converter ao rebanho de Cristo traficantes de drogas e outros condenados pela Justiça, ou mesmo os que são perseguidos em disputas internas do tráfico. No templo, o ex-delegado teve a oportunidade de confraternizar com outro recém-convertido, Álvaro da Silva, o Alvinho, acusado de ser um dos chefes do tráfico de entorpecentes na favela da Rocinha, preso pela equipe de Lins. Alvinho considerou a presença do ex-deputado uma "bênção divina", e Lins fez questão de abraçar o antigo detento, pedindo perdão se fez algum mal a ele. Para quem está em liberdade condicional, uma conversão pode render pontos de bom comportamento.

O ESTILO ADHEMAR: ROUBA, MAS FAZ

"Quem não conhece, não ouviu falar / Na famosa caixinha do Adhemar", indagavam os compositores Herivelto Martins e Benedito Lacerda na marchinha carnavalesca (diga-se de passagem, encomendada pelo próprio personagem da canção) intitulada "A caixinha do Adhemar". Acusado com frequência de corrupção e roubo de dinheiro público, o político paulista e seus correligionários se encarregaram de difundir informalmente o slogan "Rouba, mas faz".

Adhemar Pereira de Barros (Piracicaba, 1901 – Paris, 1969) foi deputado estadual, governou três vezes o estado de São Paulo e uma vez a capital, além de ter sido candidato à presidência da República por duas vezes, saindo derrotado (perdeu ainda duas eleições para o governo paulista). Caracterizou-se como tocador de obras: hospitais, rodovias, aeroporto, prédios públicos e escolas. Entre suas realizações, o Estádio do Pacaembu, o Autódromo de Interlagos e o início do Hospital das Clínicas da USP. Conhecedores das lidas políticas institucionais afirmam que tanto candidaturas quanto grandes construções são oportunidades para que determinados ocupantes/pretendentes de cargos públicos façam sua "caixinha". Ou "dinheiro não contabilizado", no jargão mais recente no governo do PT. Homens públicos que muito fazem e sempre se candidatam poderiam estar nessa linha. Ou seja: fazem, mas...

Descendente de paulistas quatrocentões (famílias que têm ou alegam ter quatrocentos anos de existência, formando uma aristocracia local), jovem playboy apaixonado por carros de luxo e aviões, pertencente à família de grandes proprietários rurais, Adhemar estudou em colégios caros, dominava idiomas, cultivava quadros e objetos de arte e formou-se em Medicina, com especialização na Fundação Oswaldo Cruz. Mas logo caiu nos braços da política partidária, institucional e eleitoral. De estilo rústico, espontâneo, piadista, mas também dramático, com momentos desconcertantes de sinceridade, caiu no agrado de uma parte do povão. Praticava (e não era o único) o clientelismo, empregando amigos e correligionários. Distribuía alimentos e remédios entre a população pobre, inclusive entre os pacientes internados nos hospitais construídos em seus governos.

Muitos de seus "causos" enriquecem o anedotário político, numa tênue fronteira entre lenda e fato, mas sempre verossímeis. Como os três a seguir, registrados pelo jornalista e escritor Sebastião Nery.

Quando Fidel Castro veio pela primeira vez ao Brasil, em abril de 1959 (três meses após tomar o poder em Cuba à frente dos guerrilheiros de

Sierra Maestra), foi recebido com entusiasmo pela população do Rio de Janeiro, onde participou de comícios e reuniões, e viu-se acolhido por autoridades para encontros e banquetes oferecidos pelo presidente Juscelino Kubitschek. Num desses, aproximou-se do líder cubano um homem gorducho, que disse simpatizar com seu governo, mas discordar dos fuzilamentos, conhecidos como *paredón*. Resposta de Fidel: "Posso assegurar ao senhor que eu só fuzilei ladrões do dinheiro público e cafetões." O interlocutor enrubesceu. Era Adhemar de Barros.

Outro encontro internacional foi com o presidente da então recém-proclamada República do Senegal, Léopold Senghor. Homem público, intelectual e poeta renomado nos círculos europeus e africanos, foi um dos formuladores das ideias de negritude, do pan-africanismo e da francofonia. Nascido em uma aldeia do litoral africano, figura lendária que participara das tropas coloniais no combate aos nazistas e autor de livros em voga com ideário humanista, Senghor passou por São Paulo e foi recebido com as devidas honras pelo governador. Cumpridos os rituais de recepção, almoço, apresentação a autoridades e personalidades locais, visita ao Palácio do Governo e pontos turísticos da Pauliceia, o governante foi levar o visitante ao aeroporto. Assim que Senghor embarcou, Adhemar de Barros virou-se para os jornalistas que cobriam a visita do líder africano e desabafou: "Não sei o que esse pretinho veio fazer aqui! Não comprou nada, não vendeu nada, não assinou nenhum acordo."

O folclore adhemarista é infindável: um dos episódios mais expressivos teria ocorrido durante um comício no interior paulista. Num arroubo de oratória, Adhemar exclamou, apalpando os bolsos da calça: "Nestes bolsos aqui nunca entrou um tostão de dinheiro público, de dinheiro roubado!" E um gaiato no meio da multidão gritou: "Mudou de calça hoje, doutor?"

Piadas à parte, ou em meio a elas, ocorreram casos concretos de denúncias de corrupção, que geraram processos e escândalos nos jornais. Alguns foram marcantes, como o desvio

de verbas da eletrificação da Estrada de Ferro Sorocabana, o sumiço de uma urna marajoara no Museu Paulista, o caso dos Chevrolets, seguido pelo caso dos caminhões da Força Pública (atual Polícia Militar). Nestes dois últimos, acusado de apropriar-se de veículos comprados para uso público, Adhemar exilou-se em 1955 por seis meses na Bolívia, Paraguai e Argentina. Sem esquecer que, nomeado por Getúlio Vargas interventor federal de São Paulo em 1938, durante a ditadura do Estado Novo, foi demitido pelo mesmo governante três anos depois, devido a denúncias de corrupção. Em alguns casos, ele foi absolvido pelos tribunais e sempre se defendeu com veemência.

O estilo Adhemar era direto e não deixava muitas marcas. Trabalhava com dinheiro vivo. Assim recebia e repassava. Não faltam testemunhos neste sentido. Nas gavetas de sua mesa de trabalho havia bolos de notas, com as quais comprava carros, imóveis e distribuía agrados para amigos, correligionários e pessoas com quem estabelecia relações.

A mistura escorregadia entre dinheiro público e privado foi outra marca do estilo adhemarista (e não só dele). Empresário bem-sucedido, seus interlocutores nos negócios podiam ser os mesmos (ou próximos) dos que se beneficiavam de suas políticas de empreendimentos. Foi dono de fazendas no interior paulista, das fábricas Redenção, Nossa Senhora Mãe dos Homens, de produtos químicos Vale do Paraíba, da Sociedade Extrativa de Taubaté e da Sociedade Extrativa de Itapeva. Proprietário da fábrica de chocolates Lacta – que pertenceu a seus herdeiros até 1996 –, foi sócio da Rádio Bandeirantes e da Divulgação Cinematográfica Bandeirante, que dariam origem à Rede Bandeirantes, hoje presidida por seu neto, João Carlos Saad.

Adhemar de Barros teve os direitos políticos cassados pela ditadura civil-militar que ajudou a estabelecer e recebeu uma honraria póstuma: foi condecorado oficialmente em 1982 com a Grã-Cruz da Ordem do Ipiranga, por iniciativa do então governador Paulo Maluf.

“As nossas a
parecem gos
tomar provi
que o cacho
a linguiça.”

Stanislaw Ponte Preta

toridades
ar de só
ências depois
o fugiu com

ONDE FOI PARAR A CAIXINHA DO ADHEMAR?

DILMA ROUSSEFF, CARLOS MINC E A AÇÃO GUERRILHEIRA NOS ANOS 1970

Havia o Dr. Rui. Era notório entre seus auxiliares e entre os jornalistas que Adhemar de Barros tinha uma amante; termo tão ao gosto da época e que revela uma instituição paralela e às vezes mais sólida do que o casamento oficial. O político paulista falava com ela sempre, pelo telefone, além de se encontrarem com frequência. Para disfarçar, ele atendia o fone durante reuniões ou audiências e tratava-a por Dr. Rui. Esse era o apelido de Anna Gimel Benchimol Capriglione, ex-secretária de Adhemar: ambos apareciam juntos em público, inclusive fotografados. Certo dia, distraído, Adhemar encerrou um desses telefonemas com "Um beijo, Dr. Rui", causando espanto entre os presentes na sala.

A fortuna amealhada (e não declarada) de Adhemar teria sido espalhada em dez cofres de pessoas de confiança, no total de US$ 25 milhões, segundo rumores dos bastidores políticos. Uma porção estava com Dr. Rui num casarão no bairro carioca de Santa Teresa. Outra, num apartamento em Copacabana. Um sobrinho de Anna Capriglione, Gustavo Benchimol, participava do movimento estudantil, entrou para uma das organizações que pregava a luta armada, o Colina (Comando de Libertação Nacional), e deu a dica.

Adhemar faleceu em Paris, em março de 1969, para onde viajara numa espécie de autoexílio e busca para a cura de suas doenças. Acreditava que as águas da gruta e santuário de Lourdes o livrariam dos males. Lá chegando, teve uma síncope fatal.

No dia 18 de julho do mesmo ano, um assalto sensacional ganhou destaque na mídia. Alguns jornais noticiaram "o roubo do dinheiro do Adhemar", fato negado pela família do político e pela proprietária da casa onde estava o cofre. Anna Capriglione garantiu que havia, apenas, documentos e papel velho guardados.

Os participantes da ação confirmaram posteriormente o roubo e o valor encontrado: US$ 2,5 milhões. Não eram ladrões ou bandidos, mas um grupo de guerrilheiros que fazia expropriação (termo usado na época) para ajudar na revolução socialista, contra o capitalismo. A maioria dos integrantes do Colina era jovem, entre 16 e 22 anos. Reconheceram a incapacidade para concretizarem o plano e procuraram outro grupo, a Vanguarda Popular Revolucionária

$
$
CAIXINHA
OBRIGADO

(VPR), na qual estava o lendário capitão Carlos Lamarca, considerado oficial brilhante, que havia pouco desertara do Exército com armas e munições. Do encontro resultou outra organização, a VAR-Palmares.

Organizaram-se dois grupos para realizar o projeto, discutido em conjunto, como afirma o jornalista Alex Solnik. Um, formado por Lamarca, Dilma Rousseff, Antonio Roberto Espinosa e outros, ficou no aparelho clandestino, uma casa alugada na Barra da Tijuca, aguardando o resultado. Outro, comandado por José Araújo Nóbrega, realizou a ação na rua Bernardino dos Santos, em Santa Teresa. Estavam ali alguns militantes: Sonia Lafoz, Carlos Minc, Juarez Guimarães de Brito, Wellington Moreira Diniz e outros. Simulando uma busca da Polícia Federal contra elementos subversivos, entraram de supetão no imóvel e imobilizaram os empregados e um rapaz da família que estava presente. Começou a busca aflita pelo cofre que, segundo informações prévias, estava embutido numa parede falsa. Não acharam nada no andar de baixo e Minc, então com 18 anos, foi o primeiro a se lançar escada acima, onde finalmente localizaram e carregaram, no braço, o pesado objeto. A notícia foi recebida e comemorada no aparelho por Dilma, então com 22 anos, Lamarca, 37, e os demais.

E onde foi parar a caixinha do Adhemar? Uma parte, é certo, foi distribuída entre militantes que viviam na clandestinidade para garantir a sobrevivência, conforme narra Alex Solnik. Outra, para familiares de presos políticos, com o mesmo objetivo. Ainda uma verba foi destinada à estrutura da organização, para a montagem de novos aparelhos. Mas os gastos, até aí, representavam uma quantia menor do que o total obtido. Durante algum tempo, no período inicial, parte do dinheiro esteve sob a responsabilidade de Dilma Rousseff, que logo foi presa, assim como a maioria dos integrantes do grupo guerrilheiro.

Desmantelada a organização, os pouquíssimos em liberdade sentiram-se inseguros em guardar tamanha quantia. Uma das sobreviventes, Maria do Carmo Brito, comunicou-se com o ex-governador de Pernambuco, Miguel Arraes, exilado na Argélia, pedindo auxílio para resolver a questão. Arraes não teve qualquer contato com o dinheiro, apenas fez a ponte com o governo argelino, de caráter nacionalista e anti-imperialista, com independência recém-proclamada. O embaixador da Argélia no Brasil, Hafid Keramane, recebeu em mãos cerca de US$ 1 milhão, de Maria do Carmo, e providenciou, pelo governo de seu país, a abertura de uma conta na Suíça. Sabe-se também que Lamarca indicou um companheiro de sua confiança, o ex-sargento Onofre dos Santos, expulso do Exército pela ditadura, para ir à Argélia sacar uma parte do valor. A partir daí as informações são controversas. Suspeitas, acusações, lacunas, versões conflitantes. Onofre voltou clandestinamente ao Brasil e consta da lista dos desaparecidos. A maioria dos envolvidos diretamente no controle do dinheiro já faleceu. E não se sabe (alguém deve saber), até hoje, onde foi parar a caixinha do Adhemar.

A CAIXINHA DO ADHEMAR

HERIVELTO MARTINS E BENEDITO LACERDA

Quem não conhece, não ouviu falar
Na famosa caixinha do Adhemar,
Que deu livro, deu remédio, deu estrada,
Caixinha abençoada
Deixa falar toda essa gente maldizente,
Essa gente que não tem o que fazer
Enquanto eles engordam tubarões,
A caixinha defende o bem-estar de milhões.

CO*LL*ORIDO COMPANHEIRO

Agora vamos contar (ou relembrar) uma história nem tão antiga. Edificante? Cabe ao leitor avaliar. Foi o maior movimento contra a corrupção na história do Brasil. E vitorioso em seus objetivos. Os protestos indignados tomaram as ruas, praças e os meios de comunicação, organizados ou espontaneamente.

No começo eram reuniões em ambientes fechados, como na sede da Associação Brasileira de Imprensa (ABI), coordenadas por Barbosa Lima Sobrinho, ou em São Paulo, sob a iniciativa do editor Caio Graco Prado. Depois, dezenas de pessoas faziam pequenos atos. Logo cresceram para centenas. Milhares. Em Brasília, um ato reuniu 60 mil pessoas. Em São Paulo, 750 mil. As manifestações ocorriam em todo o país. Foi a destituição de Fernando Afonso Collor de Melo em 1992, primeiro presidente da República eleito pelo voto direto após a ditadura civil militar de 1964, acusado de corrupção.

A Câmara Federal aprovou o *impeachment*: 448 deputados a favor, 38 contra, 23 ausentes e uma abstenção. "Minha gente, não me deixem {sic} só", exclamava Collor durante a campanha eleitoral, punhos cerrados, boa pinta, corpo sarado, expressão raivosa. Parece que estava adivinhando. O mais jovem presidente da República do país (tomou posse aos 40 anos) teve como principal adversário na sua destituição o gigantesco movimento dos caras-pintadas, jovens de toda a República do Brasil que pintavam os rostos de verde e amarelo e saíam às ruas em barulhenta e patriótica indignação. Foi um movimento estudantil de massas, mas com alvo limitado.

Fernando Collor não estava sozinho: apresentava-se como "caçador de marajás" (funcionários públicos

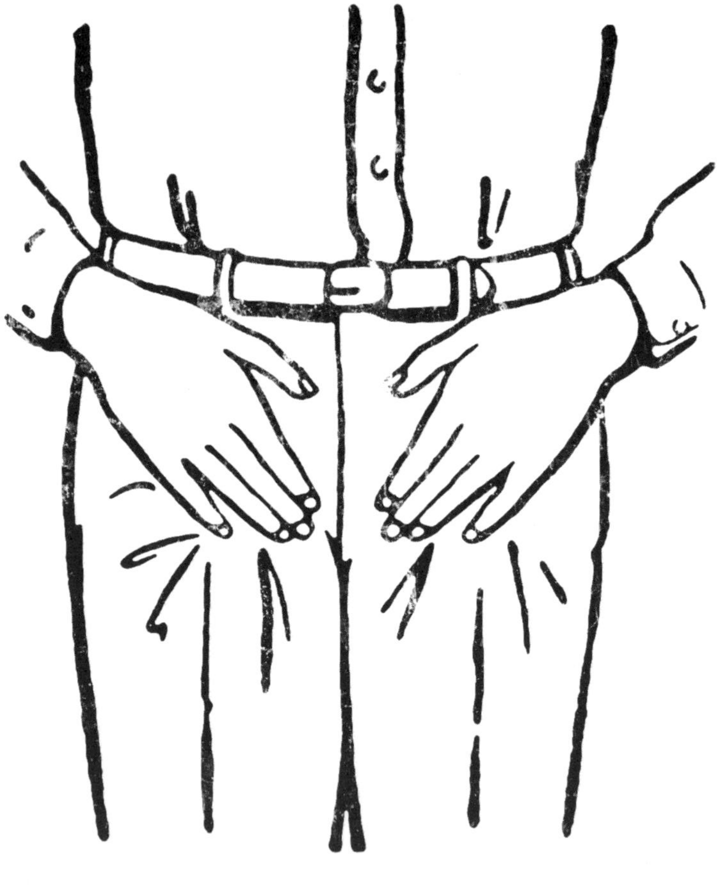

que recebiam altos salários) e governou durante dois anos, nove meses e 14 dias com e para os setores mais conservadores do país. Seu estilo arrogante era a expressão do capitalismo triunfante. Os estudantes de todas as idades que se rebelaram contra a autoridade máxima do país não eram teleguiados por dois ou três líderes, nem por um ou dois partidos. Mas para encerrar a história nem tão antiga, vamos focá-la em dois personagens que se tornaram símbolos do episódio.

O principal líder dos caras-pintadas, pelo menos para a mídia e depois como articulador político, foi o então presidente da União Nacional dos Estudantes (UNE), Lindberg Farias. Participou de partidos e grupos de esquerda, como PCdoB e PSTU, e encontrava-se no grupo da ex-senadora Heloisa Helena quando esta resolveu sair do PT. Lindberg ficou. Embasou toda a trajetória política na popularidade de cara-pintada: duas vezes deputado federal, reeleito prefeito de Nova Iguaçu (Baixada Fluminense, administrações cercadas por denúncias de irregularidades e corrupção) e senador em 2010. Parte do eleitorado feminino nunca lhe negou apoio, chama-o de "Lindinho". Assim como Collor, teve uma animada juventude de *playboy*, filhinho de papai.

O outro personagem em foco é o próprio ex-presidente Collor, a quem Lindberg cansou de chamar de ladrão – assim como o ex-presidente Lula também chamava, a ele e a José Sarney, presidente do Senado, PMDB –AP, eleito em 2011. E do mesmo modo Collor tratava Sarney. Estão todos no mesmo barco, defendendo o mesmo governo (Dilma Rousseff), as mesmas causas. Collor se tornou o vigilante cão de guarda governista na CPI do Cachoeira, que investiga ligação de políticos com bicheiros. Parece o poema "Quadrilha", de Carlos Drummond de Andrade.

Anotem, leitores, a data: 1° de fevereiro de 2011. No plenário do Senado Federal, em Brasília, o senador Lindberg Farias (PT-RJ) dirigiu-se ao senador Fernando Collor de Mello (PTB-AL) e pela primeira vez trocaram aperto de mão, risos, como se diz, civilizadamente. "Ele foi gentil comigo, apertou minha mão", afirmou Lindberg diante de um Collor grisalho. Ali não havia caras-pintadas, mas a data pode ser marcada como o Dia do Cara de Pau.

ELES CONFUNDEM O GOVERNO COM A CASA (DELES)

PROMOVIDO DE LADRÃO A BARÃO

No tempo do rei velho era assim. Ainda no período das barbas brancas de D. Pedro II referiam-se dessa maneira ao reinado de seu avô, D. João VI, que, aliás, só aparece imberbe nos retratos. Seria a monarquia um mar de rosas? Claro que não.

Na quadrinha anônima aí do lado cantavam-se os feitos do tesoureiro-mor de D. João no Brasil, Francisco Bento Maria Targini, visconde de São Lourenço, conforme conta a historiadora Isabel Lustosa.

O nome do visconde de São Lourenço (homem de confiança do rei e desconfiança de muitos) circulava pelos escândalos da época: o da compra superfaturada de mantas para o Exército nas mãos de um comerciante inglês, o da nomeação de funcionários despreparados para altos cargos públicos. O sujeito ostentava um palacete incompatível com sua renda.

Na época, os escritos eram censurados, os que se opunham ao governo joanino ameaçados, presos e até executados. O único veículo de imprensa, até 1821, estava nas mãos oficiais. Mas o povo falava e repetia nas ruas:

Furta Azevedo no Paço
Targini rouba no Erário
E o povo aflito carrega
Pesada cruz ao Calvário.

Então foi desse jeito que a corte portuguesa trouxe a civilização para as Américas?

PR: ME DÁ UM APOSENTO AÍ

Ponha-se na Rua, Prédio Roubado ou Príncipe Regente. À parte esta última, denominação oficial, as demais surgiram da insatisfação da sociedade local com medida tomada pela corte portuguesa, que chegou ao Brasil em 1808. As iniciais PR, fixadas nas portas de residências, indicavam que o imóvel seria confiscado, por prazo indeterminado, para servir de morada aos nobres e seus protegidos. Na lei da época era o direito de privilegiados à aposentadoria (ver box), isto é, a ter um aposento.

A palavra, portanto, tinha sentido diferente do que tem hoje. A atitude era legal do ponto de vista jurídico, mas pouco legal em termos de simpatia dos habitantes da nova capital portuguesa. Foram muitos os protestos de pessoas lesadas. O direito à aposentadoria não era apenas para imóveis, mas incluía bens domésticos, carruagens e até escravos. Era só pedir e pegar. A nobreza lusitana comportou-se muito mal nas terras brasílicas, usando e abusando.

Um dos casos notórios foi o do almirante Monteiro Torres, chefe da esquadra que trouxe D. João e sua corte ao Brasil. Ele se encantou por um sobrado pertencente à senhora Ana Justina, costureira e bordadeira ali estabelecida havia anos. A mulher fazia trabalhos para a corte, tinha bons contatos, reclamou bastante, inclusive com o próprio monarca. Nada adiantou. Depois de muito suplicar, ela conseguiu uma concessão. O almirante consentiu em sair da casa e deixar a proprietária morar ali, desde que lhe pagasse aluguel, o que foi feito. Ocorreram episódios semelhantes: outros aposentados, de posse do imóvel, alugavam-no. Havia ainda os que se cansavam facilmente do aposento e escolhiam outros, desabrigando sucessivamente os moradores, sempre com o auxílio dos soldados do rei.

A tal ponto chegaram os abusos que o príncipe regente D. João resolveu suspender os novos pedidos de aposentadoria, no ano de sua coroação como rei, 1818, para diminuir a tensão, as inquietações e hostilidades que surgiram contra os predadores coloniais. Uma nota curiosa: D. João VI não foi o primeiro monarca a ser coroado nas Américas. Em 1804, o escravo liberto Jean-Jacques Dessalines fora coroado como imperador Jacques I, no Haiti, com a proclamação da independência do país.

MEU REINO POR UMA APOSENTADORIA

BOX 004-MM-C

Aposentar: direito à residência, a receber aposento. Havia três modalidades de aposentadoria no Brasil colonial: 1) Temporária. Juízes e funcionários da coroa portuguesa que vinham ao Brasil exercer alguma missão recebiam moradia paga pelas autoridades locais enquanto durasse a permanência; 2) Ativa. O direito que alguns privilegiados tinham (pela posição, título de nobreza ou por decisão do rei) de ocupar a casa que quisessem, quando de passagem por um local, mesmo que a residência estivesse ocupada pelos moradores; 3) Passiva. Quando o proprietário era poupado, por decisão do rei, de ter sua casa aposentada por terceiros.

VERSO SÉCULO XIX
ANÔNIMO

**Quem furta pouco
é ladrão,
quem furta muito
é barão,
quem mais furta e
mais esconde
passa de barão a
visconde.**

O BOLSINHO (TAMANHO) FAMÍLIA DO REI

BOX 005-MM-C

Alguém aí sabia do bolsinho do rei? Era assim que se chamava a verba destinada para as despesas pessoais de um soberano. Em geral secreta, ou não contabilizada, no jargão atual, originava-se do Tesouro. Os monarcas, as rainhas, os príncipes, enfim, cada membro da família tinha o seu bolsinho. Os imperadores também.

Os detentores usavam o recurso (na verdade, bolsão) como bem queriam, sem prestar contas. D. Pedro I, por exemplo, comprou terras de uma fazenda na região serrana do Rio de Janeiro que compõem o atual município de Petrópolis. D. Pedro II usou os mesmos recursos para edificar as construções de seu palacete de verão na serra. Ambos os soberanos moravam em palácio com todas as despesas pagas pelo Erário. Ainda hoje os herdeiros da família imperial recebem um percentual sobre qualquer transação de compra e venda imobiliária na cidade turística. Um dos opositores mais ferrenhos de D. Pedro I, o jornalista Borges da Fonseca, tratava-o por “caríssimo imperador”. Algumas presidências da República atuais, inclusive a do Brasil, possuem verba secreta para despesas pessoais e de segurança (item que justifica o segredo).

ELEIÇÃO DIRECTA
A CONSTITUIÇÃO
FAÇAM-SE FINOS QUE LEVAM
COM ISTO

BORDALLO PINHEIRO

DITADOS
BRASILEIROS

O ladrão cuida que todos o são.

Ladrão que furta a ladrão tem cem anos de perdão.

Diz-me com quem andas e eu te direi as manhas que tens.

Mais há quem suje a casa do que quem a varra.

MANIFES
REPUBLI

ATÉ OS ARCOS DA LAPA...

A construção dos Arcos da Lapa, um dos símbolos da cidade do Rio de Janeiro, durou 102 anos e consumiu verbas muito maiores do que as previstas, passando por várias administrações. Quando o governador Gomes Freire de Andrade (1733-1763) tomou a sério a tarefa de finalizar a obra, ela foi realizada em seis anos.

Para evitar desvios de cursos e recursos do caminho das águas para a cidade, foi criada uma solução que parecia blindar os cofres públicos. Construiu-se uma arca especial, com três fechaduras diferentes, que foi guardada numa sala do palácio do governo. Uma chave ficaria com a Câmara Municipal, outra com o superior dos jesuítas e a terceira com o governador do Rio de Janeiro. Ainda assim, uma parte do dinheiro sumiu. A arca era mágica.

A novela começou em 1648, quando a Câmara Municipal, por pressão dos moradores, abriu arrematação (hoje, licitação) para conduzir as águas do rio Carioca à parte mais habitada da cidade, através de calhas de madeira a serem armadas pelas encostas dos morros. Os desvãos burocráticos, conflitos de interesse e disputas pessoais acabaram paralisando a iniciativa por décadas. Somente 24 anos depois os primeiros recursos foram autorizados por Carta Régia. Instituiu-se uma taxa sobre o vinho, para custear a iniciativa. Foram contratados os mestres de obras João Fernandes e Albano de Araújo. E, como não poderia faltar, organizou-se uma primeira solenidade de inauguração, com a presença das principais autoridades da Câmara, clero, nobreza e notabilidades civis. O governador João da Silva e Sousa, acionando uma alavanca especial, fez a cavação inicial da terra. Desse modo, iniciava-se a construção da adutora que traria água ao longo do morro do Desterro (Santa Teresa) até o campo da Ajuda (largo da Lapa). Mas as obras do rio Carioca desaguaram lentas.

Cinquenta índios foram utilizados como escravos nos trabalhos, recebendo apenas alimentos e panos para se vestir. Os jesuítas, em atrito com a coroa, saíram em defesa dos indígenas, exigindo que recebessem também um pagamento diário. O caso foi parar na Justiça e arrastou-se por anos, até que o governador seguinte, Álvaro da Silveira, achou uma solução mais fácil: decidiu substituir os índios por escravos africanos (medida que não foi contestada pelos padres da Companhia de Jesus).

Os entraves foram variados: utilização de verba para outros fins, e para outros bolsos; obras malfeitas que se arruinaram, sem que fossem punidos os responsáveis; projetos errados que, depois de iniciados, tiveram que ser refeitos; compra de materiais de má-qualidade, que desmanchavam ou ruíam; depredações dos trabalhos, inclusive por rivalidades econômicas e políticas; sem falar em um construtor que simplesmente sumiu com a verba recebida.

Entretanto, os obstáculos para o abastecimento não podem ser creditados, apenas, às autoridades. À medida que as obras avançavam, proprietários dos terrenos por onde passava a transmissão abriam brechas para canalizar a água em benefício próprio, irrigando suas plantações e hortas, atrasando e até inviabilizando os trabalhos. Foi preciso ampliar a guarda e ameaçar os aproveitadores de degredo para a África.

Após décadas de verbas fluindo e obras minguando, a metrópole portuguesa ordenou a interrupção total dos trabalhos. Mas o então governador Ayres de Saldanha (1719-1725) resolveu ignorar a determinação e tocou a obra com os recursos disponíveis: contratou os empreiteiros Vicente Lopes Ferreira e Custódio da Silva Serra, mudou e reduziu o trajeto da canalização, levando-a ao Campo de Santo Antônio (largo da Carioca). Surgiam, assim, os Arcos Velhos. Inaugurou-se no largo o primeiro chafariz da cidade, em 1723. Porém, dessa vez, as obras foram rápidas demais, começaram a apresentar defeitos e, frequentemente, tinham de ser refeitas, criando gastos não previstos.

No governo de Gomes Freire (conde de Bobadela), a falta de abastecimento regular de água dificultava cada vez mais a vida dos moradores, inclusive do comércio, criando-se um clima favorável à solução do antigo problema. Em vez de aguardar a remessa de material de construção (pedra e cal) de Lisboa, bem como se desgastar com as disputas por liberação de verbas ultramarinas, o governante passou a utilizar material encontrado no Brasil, bem como a mão de obra disponível. Abandonou os precários arcos então construídos e mandou projetar os Arcos da Carioca (hoje, da Lapa), cujas obras ocorreram de 1744 a 1750. Erguia-se um dos principais monumentos da cidade que, alguns anos depois, se tornaria capital da América portuguesa.

Mais complicada do que a trajetória dos Arcos da Lapa foi a edificação da catedral de Notre-Dame, em Paris, que durou quase novecentos anos, desde que se ergueu o primeiro templo cristão no local, no século IV, até a consolidação de suas formas principais, no século XIII (sem contar reformas importantes por que passou nos séculos XVIII e XIX). São as chamadas "obras de igreja", cujas histórias nem sempre cheiram à santidade.

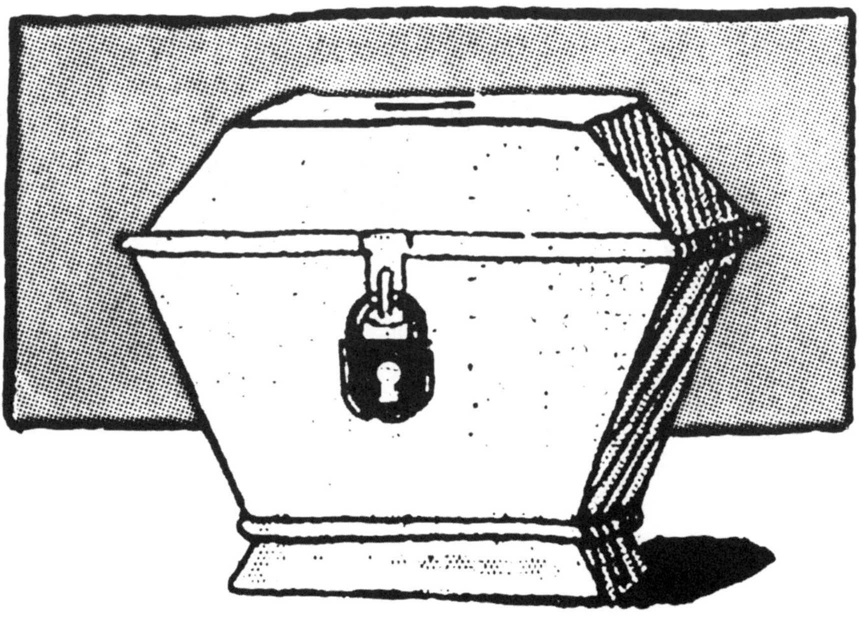

“Deve haver
entre os ladr

Apparício Torelly, Barão de Itararé

honestidade
es."

R Q 450
7802
POLÍCIA
FEDERAL

AS CONTAS DA POLÍCIA FEDERAL

Sempre de olho na utilização de elevadas quantias de dinheiro público, abrigadas ou voando, não escondemos estupefação ao ler que nossa briosa Polícia Federal gastou, em 2011, R$ 1,9 milhão no treinamento de cada piloto de VANT. Duas perguntas viriam de imediato à cabeça de qualquer leitor de bom-senso: para que tanto dinheiro e o que é mesmo VANT?

A segunda questão é mais fácil de responder, embora sem muitos detalhes: a sigla significa Veículos Aéreos Não Tripulados, ou, em português claro, aeronaves espiãs que já atuam, por exemplo, na fronteira do Brasil com Argentina, Paraguai e Uruguai. Ponto em boca, porque espionagem, ainda que por legítimos motivos patrióticos, não se espalha por aí como a má-reputação de vocês sabem quem.

As dúvidas foram descobertas quando algum técnico do Tribunal de Contas da União (TCU) resolveu – imaginemos apenas – usar sua calculadora, recém-importada (de certo país espionado) por vendedor ambulante estabelecido em um canto estratégico do gramado na Esplanada dos Ministérios. As contas ficaram estranhas. O curso teórico e prático para 13 policiais ficou em R$ 24,6 milhões, quase metade do valor (R$ 51,23 milhões) de duas aeronaves adquiridas pelo Brasil no contrato com a Israel Aerospace Industries (IAI). Os auditores do TCU consideraram os gastos elevados e até mal-aplicados, pois entre os beneficiados com as incursões espaciais ou celestes há servidor próximo da aposentadoria. O quê? A resposta da primeira pergunta? Nesse caso o ávido leitor terá de aguardar as explicações cobradas à Polícia Federal. Quem policia a polícia?

SE LEI SEVERA E PUNIÇÕES DURAS BASTASSEM...

A lei era dura contra a corrupção em toda a nação portuguesa, da qual o Brasil fazia parte. Ou seja, era válida também para o território brasileiro durante três séculos, em quase todo o período colonial (1500-1822) e até em parte do período imperial (1822-1889). As chamadas Ordenações Filipinas, em vigor desde 1582, pareciam implacáveis. Aqueles que se aproveitassem da proximidade com o poder para descobrir segredos oficiais, contidos em cartas e documentos assinados pelo rei, rainha ou príncipes e qualquer outro nobre ou autoridade (e usassem isso em benefício próprio ou de nações estrangeiras, por exemplo), teriam penas variadas.

Desde a perda de todos os bens, passando pelo degredo na África (de dois anos a exílio perpétuo) e recebimento de açoites em público (para os de baixa condição social), até a execução capital por meio da fogueira, uso de veneno e através de variados instrumentos de ferro que alongavam o suplício, acompanhada de infâmia. Era a denominada "morte natural". Os que dissessem mentiras ou transmitissem falsa informação ao monarca, provocando decisões que viessem a prejudicar alguma das partes envolvidas, teriam de passar dois anos exilados na África e pagar multa de vinte cruzados. O escrivão que alterasse documentos a serem assinados pelo soberano e demais autoridades, e que parecesse ter agido com malícia, era degredado para sempre ao Brasil e perdia todos os seus rendimentos. No início do Estado moderno a preocupação principal era preservar a figura absolutista do monarca. Não havia nada mais grave do que o crime de lesa-majestade. Eram leis duras, punições severas, ameaças terríveis. Mas se isso bastasse para controlar a corrupção, hoje não saberíamos sequer o significado da palavra.

A ESPADA DO MARECHAL DEODORO

DIGNA DURANTE A OPOSIÇÃO

O exemplo de dignidade, coragem e honestidade fez com que crescesse a admiração em torno do marechal Deodoro da Fonseca. O veterano da Guerra do Paraguai, amigo pessoal e protegido do imperador, recusou vantagens, benefícios e suborno para manter-se fiel às suas convicções.

O governo imperial proibia militares de se manifestarem em público sobre questões políticas; alguns oficiais se expressaram e foram punidos. Surgiu aí a Questão Militar, opondo militares e governo. Deodoro, comandante das Armas e governador em exercício do Rio Grande do Sul, não só apoiou seus subordinados de caserna como também permitiu um encontro, em sua área, para que oficiais se reunissem e se manifestassem. D. Pedro II ficou preocupado. O barão de Cotegipe, que dirigia o Gabinete Ministerial, disse-lhe para ficar tranquilo, pois sabia como se conquistavam generais. O imperador consentiu. Cotegipe ofereceu a Deodoro o título de visconde de Alagoas, uma cadeira (vitalícia) no Senado e liberou, como ajuda de custo, um generoso abono extra no soldo do marechal. Este respondeu com uma carta direta e curta, publicada nos jornais:

Sr. Ministro:

A minha resposta é que as cadeiras do Senado devem ser oferecidas aos políticos e aos que se julgarem aptos para serem legisladores e que, quanto ao título nobiliárquico, me contentarei com a nobreza de sentimentos. Quero ser simples soldado e, portanto, recuso uma e outra coisa, preferindo antes de tudo ficar ao lado dos meus irmãos de armas.

E, num PS, referiu-se ao abono previsto: "Minha família sou eu mais minha mulher. Dispenso as ajudas de custas. Basta-me o soldo a que por lei tenho direito."

Dois anos depois, a espada do marechal Deodoro (até então monarquista convicto) erguia-se no "Viva a República!" que derrubou o enfraquecido império brasileiro.

CLIENTELISTA NA SITUAÇÃO

Primeiro presidente da República no Brasil, Deodoro logo seria acusado de ditador e tirano ao exercer o poder de forma personalista, baseado em sua formação hierárquica militar. Confundiu a administração pública com a casa, ou melhor, caserna. A tensão chegou a abalar o próprio governo. Em reunião ministerial, a crise explodiu.

O general (e intelectual) Benjamin Constant de Magalhães, chamado de Pai da República e ideólogo do positivismo no país, era ministro da Instrução Pública, Correios e Telégrafos. Numa reunião ministerial meses após a proclamação do novo regime, um incidente deflagrou a tempestade. Deodoro havia determinado que se nomeasse para tesoureiro dos Correios em Natal (RN) alguém indicado pelo governador daquele estado. Porém, Benjamin Constant já dera posse a outra pessoa no cargo, julgando-a qualificada, embora sem apadrinhamento. Deodoro insistiu, Constant negou: "Se Vossa Excelência deseja essa humilhação, conceda-me antes a minha demissão e mande outro fazer aquilo que pode agradar a política, porém desagrada o meu caráter e o interesse da administração pública."

Deodoro, transtornado, começou a gritar com seu interlocutor, para perplexidade e apreensão dos demais ministros: "O seu protegido já vai ser demitido por mim e nomeado o protegido do governador do Rio Grande do Norte! Eu sou o chefe do governo e o senhor um simples secretário!"

"Vossa Excelência derrubou o trono para fazer isso que estamos vendo, regime de absolutismo. Isto não é República", retrucou Benjamin Constant.

Deodoro, num acesso de fúria, desembainhou a espada e disse para seu adversário fazer o mesmo, pois "questões de honra entre os militares lavam-se com sangue". A tragédia foi evitada, pois dois ministros (e futuros presidentes da República) intervieram a tempo: Campos Salles segurou no ar o braço do velho marechal e levou-o para outro aposento, fazendo-o largar a famosa espada; Floriano Peixoto acompanhou Benjamin Constant até a sala ao lado. Todos esses personagens hoje são nomes de rua, de cidades, estão fixados em monumentos e estátuas. Mas o sangue já lhes correu nas veias, as paixões contraditórias já impulsionaram seus gestos.

DITADOS
BRASILEIROS

Às vezes, à falta de um grito, vai-se a boiada.

O grande ladrão começa pelos dedais.

Perca-se tudo, menos a honra.

Godero disse que eu goderasse: comesse o dos outros e me guardasse.

DUPLICATA

E O FEBEAPÁ CONTINUA

UMA CADEIA PARA OS CORRUPTOS?

Ramiro Rockenbach, eminente jurista e procurador da República em Mato Grosso do Sul, propôs em 2011 que a União construísse um presídio federal só para corruptos. Para isso, entrou com ação civil na Justiça Federal. Eis o que ele alega, não totalmente despido de razão: "São poucos os presos pela corrupção que a gente vê. A Polícia Federal, o Ministério Público e a Justiça trabalham e o resultado é pequeno. Dá impressão de que, no fundo, a corrupção é tolerável e não precisa ser punida. O governo federal precisa colocar o combate à corrupção como prioridade."

O procurador não explicou, porém, como a construção de mais um prédio garantiria a agilidade no julgamento e na prisão dos condenados por tais crimes. E por que separá-los dos demais presos? "Haveria um valor simbólico, para a sociedade, saber onde estão detidos os corruptos. É preciso reeducar os presos corruptos com ensinamentos sobre ética, moralidade, honestidade e trato correto com a coisa pública", doutrinou Rockenbach.

Primo Rosamundo, o distraído, passava pela sala e, ao escutar a leitura do trecho do jornal, indagou: "Mas se o sujeito for corrupto e assassino, onde vai ficar? Haverá penitenciárias de inverno e verão?"

Já primo Altamirando, o nefando, desapareceu de fininho do ambiente, provavelmente para evitar assunto tão desagradável. Mergulhada em sua cadeira de balanço a tricotar, Tia Zulmira, a sábia macróbia da Borda do Mato, levantou os olhos depois de alguns momentos de reflexão e observou: "É nisso que dá, misturar Rock e Bach."

A SAGRADA FAMÍLIA

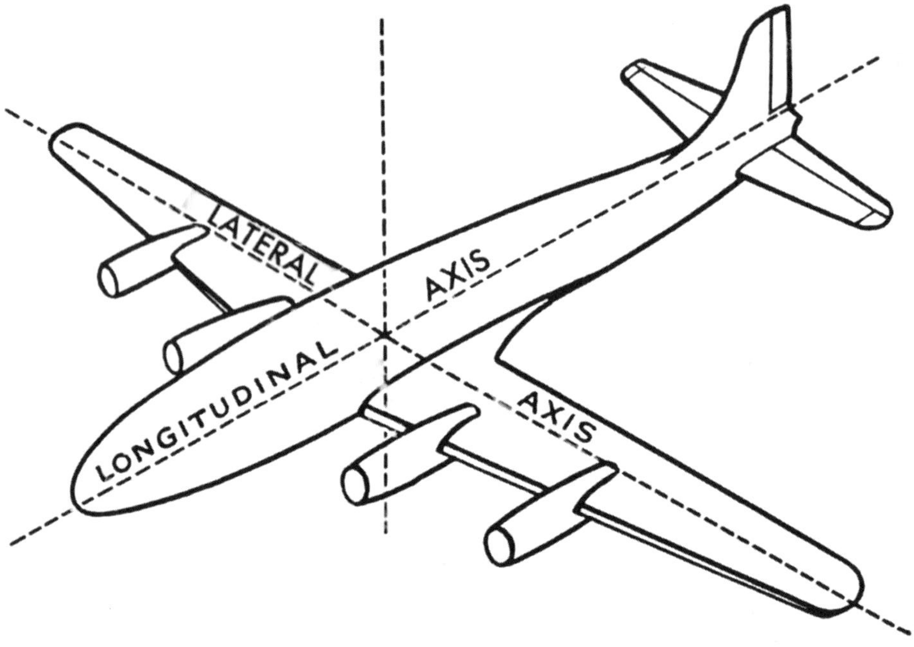

Os apressados e eruditos leitores que acompanham estas linhas (batucadas em meu calejado e sofrido notebook) podem supor que farei algum comentário sobre a catedral de Gaudí, monumento de inesgotável beleza e mistério que atrai turistas, artistas, curiosos e lunáticos de todo o mundo para Barcelona, capital da Catalunha. Ledo engano.

Quem ainda se lembra (são tantos) do escândalo das passagens aéreas da Câmara dos Deputados, no longínquo ano de 2009? Foi um evento que trouxe inumeráveis contribuições ao nosso Festival. Os parlamentares usavam (ainda usam?) a verba destinada a passagens aéreas para os membros da instituição, em serviço, para badalar parentes, amigos, amásias (e a si próprios, fora do serviço). Uma festança suprapartidária, que respingou para todos os lados. Até o deputado verde-ecológico Fernando Gabeira, ex-jornalista, ex-guerrilheiro e ex-candidato a cargos majoritários, que se notabilizava na ocasião por intensa campanha moralizante e anticorrupção, até ele, dizíamos, entrou no conga-conga das viagens familiares nacionais e transnacionais.

"Sempre desconfiei da UDN, ainda mais esta UDN de tanga", fulminou Tia Zulmira, que não perderia a chance de rememorar os vetustos bacharéis e próceres políticos da extinta União Democrática Nacional, que se caracterizavam por forte discurso moralista e insistentes acusações de desonestidade dos adversários, mas mantinham projetos conservadores para a sociedade e, algumas vezes, escorregavam na casca da banana, como diz em vulgo o populacho.

O ponto culminante do escândalo das passagens aéreas (logo sucedido por outro, e outros, pela mídia apressada e nem sempre erudita) foi a declaração do deputado Inocêncio de Oliveira. Inocêncio (não se perca pelo nome) não é qualquer um. Deputado federal reeleito desde 1975, época da ditadura civil-militar da qual se constituiu numa das lideranças civis, era secretário da Mesa Diretora no momento do escândalo em questão. Já fora presidente da Câmara e assumira nove vezes a presidência da República interinamente. Recebera dezenas de condecorações que não caberiam nem espalhadas pela frente e pelas costas do paletó. Foi acusado de manter trabalho análogo ao escravo em uma de suas fazendas.

Pois bem, ao ser cobrado por jornalistas pelo fato de ter usado passagens pagas pela Câmara para enviar esposa, filha e neta para Miami, Nova York, Frankfurt e Milão, o parlamentar deu a seguinte explicação: "A família é sagrada!"

Eu caminhava ladeira abaixo e engasguei com a goiabinha que mastigava. Rosamundo, absorto, mostrou-se ainda mais perplexo. Tia Zulmira, desta vez, ficou vermelha de raiva, da cor do crochê que acabava de rematar: apertou as agulhas nas mãos, sem levantar a vista. Quem salvou a pátria e aproveitou a deixa foi primo Altamirando, braços abertos num largo sorriso quase cínico: "Pois é isso que eu sempre digo: nada como a TFP! Tradição, família e propriedade!"

Certo mesmo estava o Barão de Itararé, apelido do prezado Apparício Torelly, gozador de primeira linha das besteiras nacionais. Por problemas de audição, quase aderiu à Ação Integralista Brasileira, movimento de inspiração nazifascista que tinha como lema "Deus, pátria e família". Aporelly, atormentado pelo incômodo otorrinolaringológico, havia entendido que a palavra de ordem era: "Adeus, pátria e família!"

DINHEIRO NA CUECA

O distinto leitor certamente não apagou da memória aquele caso dos dólares na cueca. Há assuntos coletivos (não falo dos íntimos, pois são prerrogativas de cada um, desde que não se intrometam indevidamente nos alheios assuntos) que ficam marcados. Pelo inusitado, mas também pelo escrachado.

O então deputado estadual José Nobre Guimarães (PT-CE) viu-se em maus lençóis, ou em outros panos nem tão nobres, quando seu ex-assessor José Adalberto Vieira da Silva foi preso no aeroporto de Congonhas com US$ 100 mil escondidos na cueca e R$ 200 mil levados na mala, em 8 de julho de 2005. Vivia-se o escândalo do mensalão, que abalou o primeiro governo Lula, com a acusação de que parlamentares receberiam regularmente dinheiro ilícito do governo. O efeito foi fulminante. O então presidente nacional do PT e irmão de Nobre, José Genoíno Neto (PT-SP), ex-militante do movimento estudantil e ex-guerrilheiro, renunciou imediatamente ao cargo.

A Justiça Federal (10ª vara, juiz Nagibe de Melo Jorge Neto) chegou a bloquear os bens do nobre deputado Guimarães, a pedido do Ministério Público. Este afirmou que o dinheiro viajante era propina paga pelo consórcio Alusa/STN (Sistema de Transmissão do Nordeste) para obter facilidades no recebimento de um empréstimo de R$ 300 milhões do Banco do Nordeste do Brasil (BNB). O objetivo, de acordo com a mesma fonte, era a construção da linha de transmissão de energia elétrica entre as capitais Teresina (PI) e Fortaleza (CE).

Diz o provérbio que roupa suja se lava em casa, mas nesse caso a lavanderia foi para o meio da rua. Primo Altamirando, sempre nefando, procurou justificar os métodos utilizados para o transporte dos valores, R$ 100 mil, nas vestimentas baixas e o dobro na valise: “Cada um sabe onde o calo dói mais, ou menos.”

Primo Rosamundo, no auge da distração, indagou em que presídio o nobre parlamentar se encontra. Pois bem, distintíssimo leitor, não foi fácil convencê-lo de que Nobre Guimarães não é mais deputado estadual e, sim, federal. E no momento em que batucamos em nosso intimorato teclado ele é o mais forte candidato à liderança de seu partido na Câmara Federal. Quanto a Genoíno, que renunciou ao cargo, não conseguiu se reeleger na atual legislatura.

LADRÃO QUE ROUBA LADRÃO...
Seth

AINDA DINHEIROS E CUECAS

BOX 006-MM-C

Para não mudarmos abruptamente de assunto: informa o coleguinha Ancelmo Gois que o empresário Ricardo Moraes, dono de uma das maiores fábricas de cuecas do país, teve seu carro roubado no Réveillon de 2011/2012, quando passava o feriado com a família numa mansão alugada na praia de Jurerê, Santa Catarina. O veículo, recuperado pela polícia local uma semana depois, era um Porsche, de R$ 300 mil. Para sossego do leitor, de sua tradição, pátria e família, preferimos não transcrever aqui os eloquentes comentários de Primo Altamirando e, mesmo, os da veneranda Tia Zulmira.

FEBEAPÁ

BOX 007-MM-C

Sérgio Porto (1923-1968), conhecido como Stanislaw Ponte Preta, cronista ferino e bem-humorado da vida carioca, brasileira e mundial dos anos 1950-60, criou, a partir do golpe civil-militar de 1964, o Festival de Besteira que Assola o País (FEBEAPÁ), conjunto de crônicas e pequenos tópicos para falar e rir de pronunciamentos sisudos e acontecimentos desagradáveis. Suas expressões e personagens (Primos Altamirando e Rosamundo, Tia Zulmira, Garoto Linha Dura...) repercutiam na imprensa, nas conversas do dia a dia e encontram-se imortalizados em seus livros, como os volumes *FEBEAPÁ* 1, 2 e 3. O estilo de FEBEAPÁ, das páginas anteriores, "à maneira de" Stanislaw, pretende ser uma forma de mostrar a atualidade e perenidade de sua obra.

ARTE DE FURTAR,

ESPELHO DE ENGANOS,

THEATRO DE VERDADES,

MOSTRADOR DE HORAS MINGUADAS;

GAZUA GERAL

Dos Reynos de Portugal.

OFFERECIDA

A ELREY NOSSO SENHOR

D. JOAÕ IV.

PARA QUE A EMENDE.

Composta no anno de 1652.

PELO PADRE

ANTONIO VIEYRA

ZELOZO DA PATRIA.

Correcta, e emendada de muitos erros; e assim tambem a verà o curioso leytor com as palavras, e regras, que por inadvertencia faltaraõ na passada impressaõ.

AMSTERDAM,

NA OFFICINA DE MARTINHO SCHAGEN.

M. DCCXLIV.

CURSO BÁSICO ARTE DE FURTAR

AULAS TEÓRICAS E PRÁTICAS. INSCRIÇÕES ABERTAS. OFERECIDO EM OITO MÓDULOS. VEJA O ÍNDICE DA APOSTILA.

MÓDULO I:
INTRODUÇÃO GERAL AO TEMA

- Como para furtar há arte, que é ciência verdadeira
- Como a arte de furtar é muito nobre
- Da antiguidade e professores desta arte

MÓDULO II:
PERFIL DOS TÉCNICOS

- Como os maiores ladrões são os que têm por ofício livrar-nos dos mesmos ladrões
- Dos que são ladrões sem deixarem que outros o sejam
- Como não escapa de ladrão

quem se paga por sua mão
• Dos ladrões que, furtando muito, nada ficam a dever na sua opinião

MÓDULO III
METODOLOGIA E ESTRATÉGIAS

• Como tomando pouco se rouba mais que tomando muito
• Como se furta às partes fazendo-lhes mercês e vendendo-lhes misericórdias
• Como se furta a título de benefício
• Como se podem furtar a El Rei vinte mil cruzados a título de o servir
• Como se podem furtar a El Rei vinte mil cruzados e demandá-lo por outros tantos
• Dos que furtam muito acrescentando, a quem roubam, mais do que lhes furtam

MÓDULO IV
TÁTICAS DE ABORDAGEM I

• Dos que furtam com unhas Reais
• Em que se mostra como pode um Rei ter unhas
• Dos ladrões que furtam com unhas pacíficas
• Dos ladrões que furtam com unhas militares
• Mostra-se até onde chegam unhas militares e quando se deve fazer a guerra
• Dos que furtam com unhas temidas
• Dos que furtam com unhas tímidas
• Dos que furtam com unhas disfarçadas
• Dos que furtam com unhas maliciosas
• Dos que furtam com unhas descuidadas

MÓDULO V
TÁTICAS DE ABORDAGEM II

• Dos que furtam com unhas irremediáveis
• Dos que furtam com unhas sábias
• Dos que furtam com unhas ignorantes
• Dos que furtam com unhas agudas
• Dos que furtam com unhas singelas
• Dos que furtam com unhas dobradas
• Como há ladrões que têm as unhas na língua
• Dos ladrões que furtam com a mão do gato
• Dos que furtam com mãos e unhas postiças e aumentadas

• Dos que furtam com unhas bentas

MÓDULO VI
TÁTICAS DE ABORDAGEM III E CONCLUSÃO

• Dos que furtam com unhas insensíveis
• Dos que furtam com unhas que não se sentem ao perto e arranham muito ao longe
• Dos que furtam com unhas visíveis
• Dos que furtam com unhas invisíveis
• Dos que furtam com unhas ocultas
• Dos que furtam com unhas toleradas
• Dos que furtam com unhas alugadas
• Dos que furtam com unhas amorosas
• Dos que furtam com unhas corteses
• Dos que furtam com unhas políticas

Os que desejarem adquirir a apostila *Arte de Furtar, Espelho de Enganos, Theatro de Verdades, Mostrador de Horas Minguadas, Gazua Geral Dos Reynos de Portugal. Offerecida a Elrey Nosso Senhor D. João IV Para Que A Emende*, impressa inicialmente em Amsterdã (Holanda) em 1652, devem se dirigir ao autor, o padre jesuíta Manuel da Costa (1601-1667), ou a seus herdeiros, caso os encontrem, pois padres não podem ter filhos. A obra pode ser localizada também em algumas bibliotecas públicas, em edições impressas ou mesmo na internet. Esclarecemos que o objetivo do curso – como do autor da apostila – não é, de modo algum, o de ensinar a roubar, como o título pode equivocadamente sugerir, mas trazer a público uma lista o mais completa possível das diferentes formas de roubos e furtos praticadas já então, a fim de que possamos melhor identificá-las e combatê-las. Um dos primeiros e mais abrangentes livros em língua portuguesa sobre o assunto tornou-se um clássico. Na época o escritor não teve sequer possibilidade de assumir a autoria, devido às perseguições. A obra ficou proibida durante mais de um século – o que evidentemente não ocorreria nos dias de hoje, marcados pelo progresso do espírito humano. A data – e o preço – do curso será, em breve, divulgada, assim que escolhermos um professor de confiança para ministrá-lo. Nosso primeiro convidado, o renomado Prof. Dr. Jacinto Paty Farias, indicado pelo ilustre Barão de Itararé, não pode atender a solicitação, por estar enrolado em suas diversificadas atividades, mas se comprometeu a dar uma das aulas, assim que cumprir a pen... ou melhor, assim que tiver condições.

SENADO
CAMARA

OS SÍMBOLOS DA CORRUPÇÃO

A BICHARADA SOLTA

Um animal vertebrado, bípede, mamífero, primata, hominídeo – o *homo sapiens* – tem por hábito atribuir a outros animais as características impuras da corrupção. Os sujos que rapinam e roem, voam ou rastejam são os outros. Ao longo da história da imaginação humana surgiu um verdadeiro zoológico da corrupção. No Brasil não é diferente.

AS BICADAS DO TUCANO

"Ave piciforme, ranfastídea, da qual há quatro espécies brasileiras reunidas no gênero *Ramphastos*, tendo *R. monolis* seis subespécies. Alimentam-se de pequenos frutos e, não raro, pilham ninhos de outras aves. São sociais e vivem em pequenos bandos."

Assim mestre Aurélio Buarque definiu esta ave tropical, cujo vistoso bico colorido, desproporcional ao resto do corpo, chama atenção, tornando-se característica marcante. O tucano (visto como símbolo nacional) foi escolhido como emblema pelos fundadores do Partido da Social Democracia Brasileira (PSDB). Teriam os ornitólogos, esses invejáveis e argutos observadores de pássaros, encontrado alguma destas aves a saltitar nos coqueiros das paradisíacas praias das ilhas Cayman?

Nos governos Fernando Henrique Cardoso (1995-2002) foram vendidas empresas estatais de setores estratégicos: a Telebrás (monopólio estatal de telecomunicações), a Companhia Vale do Rio Doce (mineração; logo seria uma das maiores multinacionais do mundo) e a Eletropaulo (setor energético). O total apurado: US$ 78,61 bilhões. Mas... quem pagou a conta e, sobretudo, quem pilhou o ninho alheio? Curiosa privatização, na qual 47% das verbas vieram do próprio governo federal (BNDES) e dos fundos de pensão das empresas vendidas! Ou seja, a sociedade brasileira entregou parte importante de seu patrimônio. Até o golpe de 1964, essa política era chamada de entreguista. E que privatização é essa, em que a Light Rio, por exemplo, foi comprada pela empresa estatal de telecomunicações da França?

O arremate final de tantas transações suspeitas (alguém deve ter lucrado com elas) é que a parte da Telemar para o norte e nordeste do Brasil foi adquirida por grupos ligados ao então presidente do PSDB, Tasso Jereissati (um dos principais apoios à candidatura de Fernando Henrique à presidência), com a participação de José Serra, num rumoroso escândalo que faz parte da chamada "privataria tucana", conforme narra o jornalista Amaury Ribeiro Júnior. O responsável desse esquema, Ricardo Sérgio de Oliveira, movimentou bilhões de dólares, identificados parcialmente. Ah, o leitor e a leitora sabiam que Ricardo Sérgio foi tesoureiro das campanhas de José Serra e Fernando Henrique? Haja bicadas no patrimônio público!

“Ladrão c
Ladrão co

Expressão popular de Pernambuco

mo rato.
no porco."

A CORRUPÇÃO QUE CORRÓI

5 Cabeças de Ponte na Margem Oposta do Mosela!

Os primeiros choques com os nazistas entrincheirados assumem proporções espantosas!

Lança-chamas como linguas de fogo na escuridão da noite!

LONDRES, 9 (U. P.) — Urgente — Informações chegadas da França revelam que a infantaria e os tanks norte-americanos superaram as barreiras constituidas pela floresta das Ardenas e pelo rio Mosela e agora perseguem forças alemãs que fogem espavoridamente sob um fogo nutrido de metralhadoras e canhões

(Continúa na 2ª. pag.)

ENTROU EM AÇÃO A FROTA ALIADA NO CANAL DA MANCHA

TREMENDO CANHONEIO nas zonas de Calais e Boulogne

ASSALTO A DUNQUERQUE

LONDRES, 9 (U. P.) — Informa-se que a frota de guerra aliada passou a participar nas operações contra os portos e pontos fortificados sobre a Mancha que ainda se encontram em mãos dos nazistas. Cumpre assinalar que a Radio Berlim, em uma transmissão, indicou que as zonas de Calais e Boulogne se encontram debaixo de um tremendo canhoneio, enquanto que as baterias costeiras disseminadas no litoral francês sobre o Canal sofrem violento bombardeio que parte de bordo de unidades aliadas.

FASE FINAL

SUPREMO Q. G. ALIADO, 9 (R.) — A Dunkerque alemã está chegando á sua fase final. Após sobrepujarem consideravel resistencia local, as tropas do 21º grupo de exército do marechal Montgomery abriram caminho rapidamente até á costa, desde Boulogne ao Escalda. Os alemães estão agora encurralados nas areas dos portos, que são pontos fortificados, além disto, apenas uma pequena area mal contornada pela linha que parte de Bruges, Gand e Antuerpia.

As forças nazistas foram "achatadas" de encontro aos portos do Canal, e o processo aliado de dividi-los e aniquilá-los por partes acha-se em curso.

Ao longo do resto da frente, as tropas aliadas estão "fechando" firmemente sobre a linha Siegfried.

SUMNER WELLES EM "THE TIME FOR DECISION":

Getulio Vargas um dos grandes condutores de povos deste Seculo

Como o antigo sub-secretario de Estado norte-americano analisa e exalta a figura e a obra do atual chefe do governo do Brasil

Getulio Vargas e Summer Welles

(Continúa na 2ª. pag.)

Para a conferencia Roosevelt-Churchill

Quebec transformada numa grande reunião de jornalistas e fotografos

DIARIO DA NOITE

ULTIMA EDIÇÃO

"Farpa" não entra na fila do leite! — O DIARIO DA NOITE apresenta aqui o equo "Farpa" bebendo leite...

Cruzaram a fronteira da Prussia e voltaram trazendo prisioneiros

Sensacional façanha das primeiras patrulhas russas que invadiram o territorio do Reich

Milhares de canhões troando, enquanto o exército soviético prosegue na redução das defesas alemãs

A senhora Chiang-Kai-Shek deixa o Rio

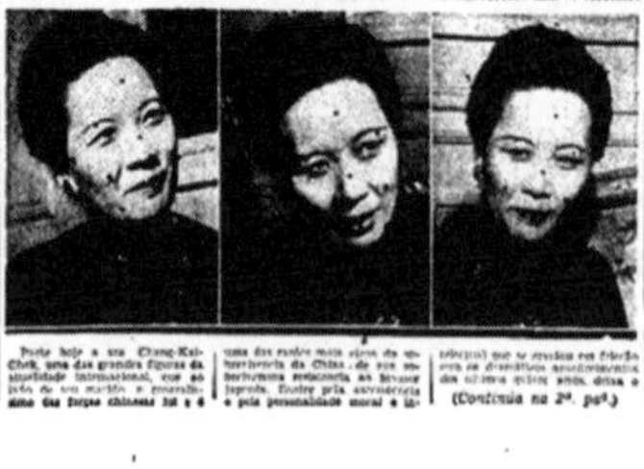

(Continúa na 2ª. pag.)

EVACUARAM PRAGA

(Continúa na 2ª. pag.)

O ESCÂNDALO DA ÉGUA FARPA:

NÃO ENTRAVA NA FILA E BEBIA LEITE RACIONADO

Em plena Segunda Guerra, um escândalo causou impacto e revolta na população do Rio de Janeiro (então capital do país): o caso da égua Farpa, que, no Jockey Club Brasileiro, tomava por dia um balde com quatro litros de leite e um quilo de açúcar. Havia racionamento de alimentos essenciais: por determinação do governo federal (ditadura Vargas, Estado Novo), cada família só poderia comprar um litro de leite por semana e um quilo de açúcar por quinzena, pelo sistema de cupons, o que prejudicava a saúde, sobretudo, de crianças, e afetava de modo mais cruel os pobres. Faltava leite nos hospitais infantis. Por toda a cidade formavam-se longas e sofridas filas nas padarias e nos mercados, para a retirada da porção permitida: as donas de casa chegavam de noite para conseguirem os primeiros lugares. As restrições incluíam o uso do leite e do açúcar em indústrias do ramo alimentício e na alimentação de animais.

Ignorando a lei, os donos dos cavalos de corrida não alteraram o tratamento dos favoritos que concorriam a grandes prêmios valiosos. Só no haras Expedito, do milionário Lineu de Paula Machado, os cavalos consumiam quarenta litros de leite e dez quilos de açúcar, por dia. A façanha foi do repórter Edmar Morel, cujas matérias e denúncias ganhavam com frequência as manchetes dos jornais e revistas dos Diários Associados, então a maior empresa jornalística brasileira. Morel chegou, madrugada ainda escura, nas dependências do Jockey, e acompanhou a primeira refeição da égua Farpa, no

Dois baldes cheios de leite para "Farpa" e seus companheiros felizardos, fervem nos fundos do "Stud Expedito", que consome, só ele, 40 litros daquele liquido por dia. Cada animal bebe 4 litros com um quilo de açucar. Ao alto, à direita, feliz e com a barriga cheia de leite, o animal passa por entre filas de mulheres e crianças, que, na rua, desde madrugada, aguardavam a chegada da "vaca leiteira" num contraste verdadeiramente edificante. E, finalmente, em baixo, reforçando esse contraste, mulheres do povo, muitas em estado interessante e com filhos ao colo, depois de três horas de espera, recebem um litro de leite, numa esquina da rua Jardim Botanico, distante poucos metros do local onde "Farpa" e outros animais felizardos bebem 4 litros de leite por dia. Estas fotografias, feitas por Celso Muniz, foram colhidas ao amanhecer de hoje, especialmente para o DIARIO DA NOITE.

"FARPA" NÃO ENTRA NA FILA...

A historia de uma égua feliz que, contrariando as determinações da Coordenação, bebe quatro litros de leite por dia

UM QUILO DE AÇUCAR EM CADA 24 HORAS

O animal passeia por entre filas de mulheres e crianças que aguardam, na rua Jardim Botanico, desde madrugada, à chegada da vaca leiteira...

Reportagem de Edmar MOREL e fotos de Celso MUNIZ

Homens de estatura baixa e trazendo à cabeça o clássico bonet, transpõem o portão do Jockey Club Brasileiro, à rua General Garson e rumam para as coudelarias dos "cracks". São os jockeys, os treinadores, os cavalariços, que vão cuidar dos seus animais, famosos parelheiros que arrancam aplausos de multidões em delírio.

E dentro da madrugada de hoje, um reporter e um fotógrafo, tambem penetraram no Jockey Club. O movimento era intenso. Homens de todas as idades, de binóculos em punho, acompanhavam os exercícios dos animais, cavalos belos e vigorosos que enchem de orgulho o turf nacional. A cerração era grande. Os veiculos passavam vagarosamente. Um carro, porém, se destacou dos outros. Era uma camioneta trazendo varios latões de leite. O veiculo deixou a rua Jardim Botanico, entrou em General Garson e parou à Avenida Lineu Paulo Machado. Dois trabalhadores retiraram os latões. Estamos frente ao "Stud Expedito". O stud é uma beleza. Pelos seus jardins, artisticamente trabalhados, passeiam animais de classe — aquela é "Farpa", cuja alimentação é feita à base de leite...

"FARPA" NÃO ENTRA NA FILA...

Nas mãos de Churchill e Roosevelt o futuro da Italia

Alimentos, roupas e 50 milhões de dolares dentro da Lei de Arrendamentos e Empréstimos

WASHINGTON, 9 (I. N. S.) — Soube-se hoje, por intermedio de uma fonte digna de credito, que o futuro da Italia será discutido, na [illegible] que visitou recentemente a Italia, se mostrou partidario de uma politica mais aproximada em relação a esse país.

mesmo haras. Era uma potranca de cor clara, com pedigree inglês e bem cotada para o primeiro páreo do dia seguinte. Ao receber seu balde diário de leite, ela a princípio o recusou. O tratador deu-se conta de que havia esquecido o açúcar, e, acrescido esse complemento, Farpa não vacilou em degustar avidamente sua primeira refeição.

O repórter (meu saudoso avô) sugeriu ao tratador Ernani de Freitas que saíssem com a égua para o passeio matinal pelas ruas do bairro Jardim Botânico. A poucos metros dali, 232 pessoas acotovelavam-se em uma fila em frente a uma padaria, à espera dos produtos racionados. A égua, com a barriga arredondada, foi fotografada ao lado da fila, onde algumas mulheres chegavam ao desespero, levando crianças de colo e pedindo algum aumento na ração concedida, o que era sistematicamente negado. O clima era tenso e a insatisfação, palpável.

Publicada em destaque nos jornais da rede dos Associados, com ampla foto e manchete nas primeiras páginas, a matéria detonou a fúria da população de baixa renda, que reagiu rápido: por toda a cidade, padarias, mercados e leiterias foram atacados, depredados, alguns proprietários espancados. Essa publicação tornou-se clássica, consta de antologias do jornalismo e é considerada como referência no aparecimento da moderna reportagem no Brasil. O jornalista, crítico musical, pesquisador e historiador da MPB Sérgio Cabral iniciou sua carreira jornalística parodiando a matéria e fazendo, anos depois, denúncia semelhante sobre o consumo de carne no Jardim Zoológico.

1K
260

PÃO BICHADO, LUCRO AUMENTADO

Quando foi isso mesmo? O padeiro que não respeitasse a proporção peso/preço no fabrico e na venda de pão iria se dar mal: perderia todo o estoque, tendo que pagar multa gorda e ficar um mês vendo o sol nascer quadrado. Pelo menos é o que apregoava a lei promulgada em 2 de setembro de 1795 pela Câmara Municipal do Rio de Janeiro, com a assinatura do juiz Baltazar da Silva Lisboa e dos representantes José da Mota Pereira, José de Oliveira Fagundes, Pedro Carvalho de Morais e Manuel Martins da Costa Passos.

Ver o preço do pão nosso de cada dia aumentar e seu tamanho diminuir era um problema enfrentado pela população – sobretudo a de baixa renda, que consumia o pão de rala (tradicional pão doce com massa rústica) em complemento alimentar. Os padeiros, segundo a mesma lei, teriam de se informar semanalmente se havia modificação no preço ou peso desse gênero de primeira necessidade, deslocando-se até a casa do escrivão da Câmara, responsável pelo registro. Os comerciantes pegos com farinha de trigo "batizada" seriam igualmente punidos. A lei foi aplicada para valer? Parece que não, pois o problema continua, com outros ingredientes. A utilização de brometo de potássio nas panificações faz o alimento aumentar de tamanho ao ser cozido, gerando o conhecido pão de vento, que murcha quando esfria. Segundo estudiosos, esse pó químico é prejudicial à saúde, podendo gerar câncer.

DITADOS
BRASILEIROS

Quem rouba tostão é ladrão; quem rouba milhão é barão.

Quem não furta nem herda não tem senão merda.

Quem gasta o que tem é cristão; quem gasta o que não tem é ladrão.

— Si não mandar dinheiro, não vai carne secca para casa.

OS ATRAVESSADORES: SOLDADOS, VEREADORES

Um escândalo no Rio de Janeiro (do século XVIII, entenda-se) foi o dos soldados que policiavam as ruas e, usando do poder armado e político, tornaram-se os principais atravessadores de gêneros alimentícios de primeira necessidade, consolidando um monopólio. Ao fiscalizarem as embarcações que aportavam na Baía de Guanabara ou os carregamentos em carroças pela estrada, forçavam os produtores (sobretudo os pequenos) a lhes venderem a preço irrisório a mercadoria, ou simplesmente confiscavam os produtos, que eram revendidos aos comerciantes com preços aumentados.

Frutas, legumes, hortaliças, farinha, carne verde (fresca), nada escapava ao olho gordo dos vigilantes da ordem. Não deu para disfarçar o descontentamento geral, e as denúncias chegaram ao governador Salvador Correia Benevides. Ele intimou o comandante dos soldados, que prometeu tomar providências, mas nada fez. É fácil supor que também abocanhava seu quinhão. Os militares alegavam que recebiam soldos baixos e, para não passarem necessidade, recorriam a tal expediente. Havia vereadores atravessados no meio da história. Vale lembrar que, na mesma época, as negras quitandeiras (algumas livres, outras libertas, várias escravizadas) eram impedidas de parar na rua para comercializar seus quitutes e eram obrigadas a transitar com pesados tabuleiros. Tinham autorização de pousar em alguns largos (Carioca, Lapa, Ajuda, Rosário e Santa Rita) e nas praias. Quem as fiscalizava? Os soldados, evidentemente. Tolerância com atravessadores e monopólios (não legalizados) e repressão a vendedores pobres no varejo são práticas que cruzam os tempos.

PAGINAS TRISTES.

Scenas e aspectos do Ceará

(Para S. Magestade, o sr. governo e os srs. fornecedores verem)

(*Copias fidelissimas de photographias que nos foram remettidas pelo nosso amigo e collega José do Patrocinio*)

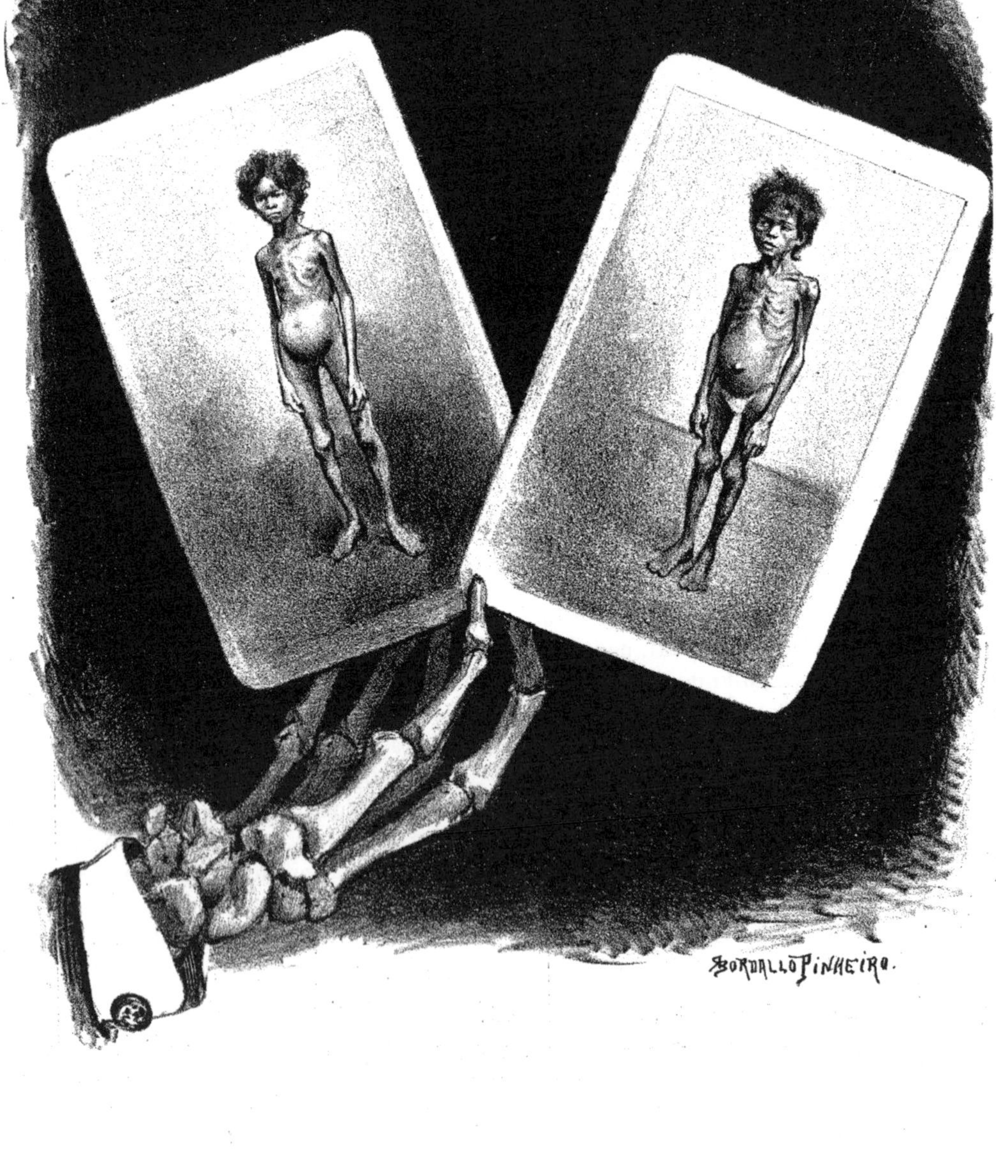

A GRANDE SECA

A seca de 1877 foi uma das maiores tragédias da história do Brasil. Milhares morriam como moscas, dezenas faleciam todos os dias, seres humanos esqueléticos vagavam até caírem sem forças. Epidemias destroçavam vidas. Calcula-se que faleceu um terço da população cearense, cerca de 200 mil pessoas. Drama assim, tão dolorido, causou gestos generosos, solidários, mas esteve também cercado de todas as formas de corrupção. A governamental, D. Pedro II teria afirmado, segundo se difundiu na época e se fala ainda hoje no Ceará, que venderia até a última pedra de sua coroa para que não morresse um flagelado de fome. É possível comprovar que a coroa do imperador encontra-se, resplandecente, em exposição no Museu Imperial, em Petrópolis (RJ).

Diante da repercussão do drama, os governos (ministérios conservador e liberal) liberaram verbas, insuficientes em alguns momentos, contestadas pela oposição, em outros. Afirmavam que a seca era uma farsa, pretexto para o governo gastar. A agilidade da liberação dos recursos perdia-se em desvãos burocráticos e disputas partidárias. Correram denúncias de que atravessadores e responsáveis pela distribuição da verba enchiam os próprios bolsos, em prejuízo das vítimas da seca. O jornalista e líder abolicionista José do Patrocínio foi ao Ceará e, horrorizado, fotografou a miséria. Pela primeira vez imagens de fotografias foram publicadas na imprensa brasileira, na revista *Besouro*, em 1878. Patrocínio também testemunhou; havia encarregados da entrega da verba que se aproveitavam para prostituir jovens famintas, que, tempos depois, faleciam de sífilis.

A seca não é apenas um problema climático. Alguém já viu rico morrer de sede ou de fome?

DINHEIRO QUE SECA

BOX 008-MM-C

Total de R$ 312 milhões. Mais de 500 mil salários mínimos. Essa foi a quantia indevidamente usada da verba que deveria combater a seca no país. No período colonial? Na época do Império? A denúncia referente ao ano de 2011 veio da insuspeita Controladoria Geral da União (CGU). Entre as irregularidades apresentadas no relatório sobre o Departamento Nacional de Obras Contra as Secas (DNOCS): o diretor-geral do órgão, Elias Fernandes, apadrinhado pelo líder do PMDB na Câmara, deputado Henrique Alves (PMDB-RN), destinou 37 (dos 47) convênios para seu próprio estado, Rio Grande do Norte. Houve prejuízo de R$ 192 milhões na construção de barragens, açudes e passagens e de R$ 119 milhões no pagamento irregular de pessoal. Um mesmo pagamento foi feito mais de uma vez.

Empresas fantasmas receberam verbas. O preclaro líder do PMDB ainda tentou impedir a demissão de seus protegidos, mas desta vez não deu. O governo Dilma Rousseff, numa medida moralizante, destituiu não só a diretoria do DNOCS, mas também a de outros órgãos similares, como da Superintendência do Desenvolvimento do Nordeste (Sudene) e da Companhia de Desenvolvimento dos Vales do São Francisco e do Parnaíba (Codevasf). O arguto leitor, com sua natural curiosidade, há de fazer pelo menos duas perguntas: o critério de apadrinhamento político foi evitado na nomeação dos novos diretores? E quem vai repor o dinheiro inutilizado? Ora, prezado leitor, as duas questões pertinentes merecem apenas uma resposta: o dinheiro secou.

MILAGRE CONTRA A SECA

BOX 009-MM-C

Há quem acredite e até pratique o milagre da multiplicação dos peixes e do pão. Quem sabe o ministro da Pesca do governo Dilma, o pastor e senador Marcelo Crivella (PRB--RJ), possa ajudar desse modo no combate à seca? Crivella é sobrinho do bispo Edir Macedo (fundador da Igreja Universal do Reino de Deus e dono da TV Record), conhecido por fazer pescas frutuosas no rebanho de fiéis e multiplicar com habilidade as riquezas materiais.

Denunciado pelo Ministério Público Federal por formação de quadrilha e lavagem de dinheiro, Macedo precisa responder a várias acusações: estelionato contra os fiéis por falsas promessas, falsidade ideológica e remessa de dinheiro ilegal para os Estados Unidos. É possível que, contra a seca, o governo Dilma pretenda utilizar os dons milagrosos de Crivella, Macedo e outros pastores de um rebanho calculado em oito milhões de pessoas.

“Tenho para mi
experimentar u
regime social e p
governa; mas m
de governantes
para a felicidad

Lima Barreto

que se deve
a tábua rasa no
lítico que nos
dar só de nomes
da adianta
le todos nós."

a Campainha.

Quem quer, Quem quer redigir
O Correio Official!
Paga-se bem. Todos fogem?!
Nunca se vio causa igual

o Cujo.

Com tres Contos e seis centos,
Eu aqui stou, meu Senhor;
Honra tenho e probidade,
Que mais quer d'um redactor?

PRIMEIRA CARICATURA IMPRESSA NO BRASIL (1837)

A primeira caricatura a gente nunca esquece, mesmo quando não a conhece. Do que ela trata? Vê-se um homem agachado, quase de joelhos, casco de tartaruga e pena na cartola, recebendo saco de dinheiro de uma alegoria masculina, também de pena no chapéu de estilo napoleônico, braços e pernas desnudos sob o manto, como se expressasse: "O rei está nu."

No desenho de Araújo Porto Alegre, um dos primeiros artistas nacionais, vemos outros símbolos, inscrições. Trocando em miúdos, o escritor e jornalista Justiniano José da Rocha (1812-1862) era chamado de pena de aluguel. Mulato (aparência realçada nas pichações de parede, à direita na caricatura), de origem modesta, possuía reconhecido talento e criatividade. Boa parte de seu sustento e carreira se basearam em escrever artigos de jornal a serviço do governo, algo que causava escândalo na época, mas nas recentes últimas décadas talvez não causasse. Foi autor, entre outros, do ensaio histórico *Ação, reação, transação*, que marcou o pensamento político brasileiro, e traduziu para o português obras como *O conde de Monte Cristo*, de Alexandre Dumas, e *Os miseráveis*, de Victor Hugo. O próprio Justiniano, quando deputado, confessaria, numa discussão patética em plenário, como era pago pelo governo. Entre seus pagadores estavam Paulino José Soares de Sousa, visconde do Uruguai, e José Maria da Silva Paranhos, visconde do Rio Branco, duas notabilidades imperiais. Propinados e propinadores misturavam-se no mesmo barco.

ESCRAVIDÃO OU MORTE!!

EI, VOCÊ AÍ, ME DÁ UM ESCRAVO AÍ

ESCRAVIDÃO OU MORTE

Os escravos eram usados como moeda de troca, inclusive no pagamento de jornalistas que apoiavam o governo. Justiniano José da Rocha, deputado na Assembleia Geral do Império, confessou, em meio à polêmica, ter se beneficiado.

Sob impacto da emoção do momento, narrou um diálogo que manteve com um ministro de Estado que distribuía escravos a aliados políticos, como prêmio ou pagamento:

– Então, Sr. Rocha, não quer um africano?

– Um africano me fazia conta – respondeu-lhe.

– Então por que não o pede?

– Se Vossa Excelência quer, dê-me um para mim e um para cada um dos meus colegas.

O ministro, então, segundo o mesmo depoimento, chamou um auxiliar e ordenou: "Lance na lista um africano para o Sr. Rocha, um para o Sr. Fulano e outro para o Sr. Sicrano."

Justiniano, que interrompeu essa narrativa algumas vezes por estar chorando, explicou em seguida, com visível franqueza (e fraqueza), que recebeu tais favores em troca de escrever a jornais defendendo o governo (o que nem sempre era tarefa fácil, segundo ele). As jornadas duravam até 14 horas diárias de trabalho exaustivo. Interessante anotar que Justiniano da Rocha criticava a escravidão: embora não fosse abolicionista, defendia ideias de progresso para o Brasil e afirmava que só seria possível caminhar nesse sentido com o fim gradual do trabalho escravo. Seria mais simples para os historiadores e seus dedicados leitores se as pessoas fossem totalmente boas ou completamente ruins. Mas é raro os personagens se comportarem como gostaríamos.

“A escravi
um roubo
proprietári
escravos é

José do Patrocínio

ão é
todo
o de
m ladrão."

THEATRO
DE
S PEDRO
NORMA
ARRANCA

EI, VOCÊ AÍ, ME DÁ UM DINHEIRO AÍ

BOX 010-MM-C

Ficou famosa a foto da próxima página. O presidente Juscelino Kubitschek flagrado num momento descontraído do tenso diálogo com Foster Dulles (secretário de Estado do governo de Dwight D. Eisenhower), que veio ao Brasil em 1958 negociar empréstimos dos Estados Unidos e apoio à luta contra o comunismo no continente. O governo JK romperia relações com o FMI dois meses depois, algo inédito na história do Brasil. As denúncias de corrupção rondavam a administração que empreendia a obra da nova capital do país. A marchinha "Me dá um dinheiro aí" fazia sucesso no carnaval. Foi fácil juntar as peças e perceber a alusão. A foto ficou batizada com o título da marchinha de carnaval. O Brasil de JK reataria os laços com o FMI e receberia vultoso empréstimo dos Estados Unidos através da Operação Pan-Americana. Dívida externa, dívida quase eterna, paga várias vezes com juros e empréstimos adicionais, em prejuízo de investimentos internos que poderiam melhorar a qualidade de vida da população. A escravidão econômica permanece, com novas formas e personagens.

ME DÁ UM DINHEIRO AÍ

IVAN FERREIRA

Ei, você aí!
Me dá um dinheiro aí!
Me dá um dinheiro aí!

POISON
DILUTED
HYDROCHLORIC ACID, U.S.P.
POI SON

CORROMPER PARA ROUBAR REMÉDIO DE POBRE

Toda corrupção deve ser execrada, condenada e exemplarmente punida. Mas existem algumas modalidades que descem ao fundo do poço, são abjetas, crimes de lesa-humanidade, como roubar dinheiro de flagelados da seca, desviar leite de crianças doentes e, sem dúvida, roubar verba de remédios destinada aos precários hospitais públicos frequentados pelas populações mais pobres e carentes do Brasil. Os envolvidos deveriam responder por homicídio, assim como as autoridades (ir)responsáveis que mantêm tal situação de atendimento hospitalar com naturalidade.

Em 2011, a Operação Saúde da Polícia Federal prendeu 59 pessoas acusadas de envolvimento em esquemas desse tipo. Entre os detidos constam 34 funcionários públicos, dos quais 12 secretários municipais de Saúde ou da Fazenda. Superfaturavam preços e ainda entregavam quantidade menor de medicamentos do que a contratada. Venciam licitações oferecendo preços baixos, inviáveis. As prisões foram efetuadas em seis estados: Rio Grande do Sul, Santa Catarina, Paraná, Mato Grosso do Sul, Mato Grosso e Rondônia. Só no município gaúcho de Barão de Cotegipe foi detectada fraude de R$ 110 milhões nos dois anos anteriores. Os presos foram processados por corrupção passiva e ativa, formação de quadrilha, fraude em licitações, lavagem de dinheiro e peculato.

O ROUBO DE CADA DIA

MANOEL MONTEIRO

Medicamento vencido
Ou produto de limpeza
Sem explicação no rótulo
Para seu bem e defesa
Não deixe de reclamar
Senão vai continuar
A mesma safadeza.

Corrupção Adulteração Alteração Propinar Contrafaç
Corrompimento Corrução Decomposição Putrefaç
Depravação Devassidão Perversão Desmoralização I
dridão Sânie Corrumpudo Vício Peita Suborno Comp
Muamba Bromar Propina Propinador Degenerar Lad
agem Ladroíce Corruptela Peitar Maracutaia Depra
Subornar Roubalheira Corrupção Adulteração Alteraç
Propinar Contrafação Corrompimento Corrução I
composição Putrefação Depravação Devassidão Perv
são Desmoralização Podridão Sânie Corrumpudo Ví
Peita Suborno Compra Muamba Bromar Propina Pro
nador Degenerar Ladroagem Ladroíce Corruptela Pei
Maracutaia Depravar Subornar Roubalheira Corrupç
Adulteração Alteração Propinar Contrafação Corrom
mento Corrução Decomposição Putrefação Deprava
Devassidão Perversão Desmoralização Podridão Sâ
Corrumpudo Vício Peita Suborno Compra Muam
Bromar Propina Propinador Degenerar Ladroagem I
droíce Corruptela Peitar Maracutaia Depravar Subor
Roubalheira Corrupção Adulteração Alteração Propi
Contrafação Corrompimento Corrução Decomposi
Putrefação Depravação Devassidão Perversão Desmo
lização Podridão Sânie Corrumpudo Vício Peita Sub
no Compra Muamba Bromar Propina Propinador De
nerar Ladroagem Ladroíce Corruptela Peitar Maracut
Depravar Subornar Roubalheira Corrupção Adultera
Alteração Propinar Contrafação Corrompimento Cor
ção Decomposição Putrefação Depravação Devassi
Perversão Desmoralização Podridão Sânie Corrump
Vício Peita Suborno Compra Muamba Bromar Prop
Propinador Degenerar Ladroagem Ladroíce Corrupt

COMO SE DIZIA

Corrumpudo – viciado, corrompido. Palavra localizada em documento do ano de 1292 pelo estudioso frei Joaquim de Santa Rosa Viterbo, que publicou-a em seu *Elucidário das palavras, termos e frases antiquadas da língua portuguesa*, editado em Lisboa, em 1798 – ou seja, quinhentos anos depois do primeiro registro.

CORROMPER VEM DA PALAVRA LATINA *CORRUMPERE*.

SÉCULO XVIII

CORRUPÇÃO

Suspensão do concurso conservativo e introdução de qualidades alterantes e destrutivas. Corrupção de costumes. Corrupção do juiz ou da Justiça. Corrupção de palavras: mudança que se faz de uma palavra em outra, acrescentando ou tirando letras.

CORRUPTO

Viciado, danado, depravado. Corrompido no sentido natural e moral.

PEITA

Qualquer coisa que se dá para subornar o juiz e corromper a Justiça. O julgador que receber peita prometida, aceitada ou não recebida, basta para fazer perder o ofício, pagar o dobro para a Coroa e perder todos seus bens. Passando a peita de um Cruzado, além das sobreditas penas, é condenado a degredo perpétuo para o Brasil.

PROPINA

Deriva do verbo latino *propinare*, que vale o mesmo que brindar à saúde de alguém. Anteriormente, em Castela, era uma merenda que se dava em algumas Juntas. Nos Parlamentos da França se dão propinas de alguns frascos de vinho especial. Em Portugal se dão propinas aos oficiais da Casa Real, aos Tribunais, ao Reitor, Chanceler, Professores, Licenciados, Bedéis etc., da Universidade.

PROPINQUIDADE

Parentesco, amizade.

PROPÍNQUO

Chegado, vizinho, que está perto.

SUBORNAÇÃO

O mesmo que suborno.

SUBORNAR

Na mais ampla significação é induzir secretamente a fazer mal, persuadir a alguém que dê o seu voto para certa pessoa, ou pedir-lhe que fale em favor seu. Subornar alguém para fazer algum engano.

SÉCULO XIX

CORRUPÇÃO

O estado da coisa corrupta ou corrompida: a corrupção da carne morta, das águas encharcadas. Alteração do que é reto e bom em mau e depravado.

CORRUPTO

P. pass. de corromper. Dizemos no sentido físico: carne, água corrupta; o mundo está corrupto; os costumes corruptos; mulher corrupta, não virgem.

PROPINA

É presente, ou dom em dinheiro, pano ou peça que se dá a alguns oficiais, ministros, lentes por assistência ou trabalho.

PROPINAÇÃO

O ato de se beber parte do que se oferecia nos sacrifícios gentílicos.

PROPINADO

P. pass. de propinar.

PROPINADOR

O que dá e propina.

SUBORNAMENTO

Ato de subornar.

SUBORNAR

Corromper o ânimo de alguém para o induzir a obrar mal. Particularmente se diz: subornar as testemunhas para jurarem a seu favor; o juiz para dar o seu voto a favor de quem o suborna etc.; subornar o falso profeta para profetizar mentiras. "A autoridade do Príncipe não suborne as vontades dos outros.

SÉCULO XX

CORROMPER

Tornar podre; estragar, decompor: o calor corrompe certos alimentos. Alterar, adulterar. Perverter, depravar, viciar. Subornar, peitar; comprar. Apodrecer, estragar-se; adulterar--se. Perverter-se, depravar-se, viciar-se.

CORRUPÇAO

Ato ou efeito de corromper; decomposição, putrefação. Devassidão, depravação, perversão. Suborno, peita. Variações: corrução; sinônimo: corrompimento.

CORRUPTELA

Ato ou efeito de corromper; corrupção. Aquilo que é capaz de corromper. Modo errado de escrever ou pronunciar uma palavra ou locução. Alteração, modificação; abuso.

PROPINA

Gratificação, gorjeta. Quantia que se paga em certas escolas por abertura ou encerramento de matrícula etc.

SUBORNAR

Dar dinheiro ou outros valores para conseguir vantagens, coisa oposta à justiça, ao dever ou à moral; peitar. Atrair com engano; aliciar para mau fim.

SUBORNO

Ato ou efeito de subornar; peita. Aliciamento para atos culpáveis; corrompimento.

VAMOS DAR UM JEITINHO?

DONA BALBINA

— Com esta nota a senhora não póde comprar nada. E' falsa.
— Eu sei. Mas eu não quero comprar nada. Quero apenas trocá-la.

JEITÃO CONTRA O JEITINHO

Uma lei federal dos Estados Unidos coloca em alerta empresários brasileiros que negociam no país do Tio Sam. Conhecida como Lei do Suborno (ou Dodd-Frank), em vigor desde 2011, ela pune os corruptos e premia os que denunciam. São prêmios de US$ 100 mil com US$ 450 milhões reservados para este fim.

Os próprios funcionários das empresas são incentivados a delatarem irregularidades. A lei vale para empresários de qualquer nacionalidade que atuem em território americano. E as multas são milionárias.

Resultado? O lucro das firmas de auditoria aumentou. Tanto empresas norte-americanas que pretendem investir no país quanto empresas brasileiras voltadas para aquele mercado têm solicitado mais e mais os serviços das companhias que fiscalizam as contas. Algumas práticas enraizadas precisam ser podadas, mesmo no país (que se considera) xerife do mundo.

AMOR COM AMOR SE PAGA?

MULATA FUZARQUEIRA
NOEL ROSA

Mulata fuzarqueira
Artigo raro
Que samba e dá rasteira
Que passa a noite inteira em claro.
Não gosto de te ver
Sempre a fazer tristes papé
A se passar pros coroné.

MALANDRAGEM DELA
TOM E DITO

Amigo velho se ela chega pra você
Com cara de casamento
Com jeito de apaixonada
Dizendo: Grana já era
Credite não, acredite não, não, não

MARIA CANDELÁRIA

KLÉCIUS CALDAS E ARMANDO CAVALCANTI

À uma vai ao dentista
Às duas vai ao café
Às três vai à modista
Às quatro assina o
ponto e dá no pé
Que grande vigarista
que ela é!

CÓDIGO INFORMAL DE TRÂNSITO

APLICÁVEL EM GRANDES CIDADES BRASILEIRAS

CAPÍTULO I

DEFINIÇÕES GERAIS

- ARTIGO 1 -

Considera-se trânsito a utilização das vias por pessoas, veículos e animais, isolados ou em grupos, conduzidos ou não, para fins de circulação, parada, estacionamento e operação de carga ou descarga, desde que não atrapalhem minha própria circulação, que é prioritária sobre as demais.

- ARTIGO 2 -

O trânsito, em condições seguras, não é direito nem dever de todos, pois cada um deve cuidar de sua circulação individual da melhor maneira que lhe aprouver.

I – A direção ofensiva é obrigatória e exclusiva para meu benefício.

- ARTIGO 3 -

São vias terrestres urbanas e rurais as ruas, as avenidas, os logradouros, os caminhos, as passagens, as estradas, as rodovias ou qualquer outro espaço em que eu precise ou queira circular, sem restrições de qualquer tipo.

CAPÍTULO II

DAS NORMAS DE CONDUTA

- ARTIGO 4 -

Os usuários das vias terrestres devem: *(artigo vetado por ser contrário a meus interesses individuais)*

I ~~– Abster-se de todo ato que possa constituir perigo ou obstáculo para o trânsito de veículos, de pessoas ou de animais, ou ainda causar danos a propriedades públicas ou privadas.~~

II ~~– Abster-se de obstruir o trânsito ou torná-lo perigoso, atirando,~~

~~depositando ou abandonando na via objetos ou substâncias, ou nela criando qualquer outro obstáculo.~~

- ARTIGO 5 -

O trânsito de veículos nas vias terrestres abertas à circulação obedecerá à seguinte norma: a prioridade é minha.

- ARTIGO 6 -

O trânsito de veículos motorizados sobre passeios, calçadas, ciclovias e nos acostamentos é de minha livre escolha.

- ARTIGO 7 -

Os veículos destinados a socorro de incêndio e salvamento, os de polícia, os de fiscalização e operação de trânsito e as ambulâncias, além de prioridade de trânsito, gozam de livre circulação, desde que não atrapalhem meu deslocamento nem me incomodem com barulho elevado e insistente.

- ARTIGO 8 -

Os veículos prestadores de serviços de utilidade pública, quando em atendimento na via ou utilizados de forma privada e irregular pelo motorista, e também meu próprio carro, gozam de livre parada e estacionamento em qualquer local e horário, desde que devidamente sinalizados, devendo estar identificados na forma estabelecida.

- ARTIGO 9 -

A ultrapassagem de outro veículo em movimento é sempre prioridade minha, devendo os condutores dos demais veículos se adequarem para não obstruir, atrapalhar ou retardar minha passagem.
I – Quando outro veículo tiver a ousadia de me ultrapassar ou entrar em minha frente, tenho o direito e o dever de, a qualquer custo, ultrapassá-lo também, para que minha honra não seja atingida nem eu seja colocado em situação de inferioridade.
II – Os veículos de maior porte, mais pesados e mais caros têm prioridade natural ou consentida na ultrapassagem dos veículos de menor potência ou tamanho.
III – Em caso de premência, tenho direito e prioridade de conduzir o veículo na contramão, cabendo aos demais motoristas a iniciativa de protegerem a si mesmos e a mim.
IV – No caso de trechos curtos ou médios, ou que reduzam um trajeto, conduzir na contramão não constitui crime.
V – Em caso de premência, tenho direito e prioridade de trafegar pelo acostamento de estradas e rodovias, quando o trânsito se mostrar lento ou interrompido.

- ARTIGO 10 -

O uso de luzes em veículo obedecerá às seguintes determinações:
I – Farol alto: quando alguém estiver conduzindo de forma mais lenta na minha frente.

II – Farol alto: quando estiver escuro, mesmo que outros veículos transitem na direção contrária.
III – Farol baixo ou lanterna: quando eu quiser economizar bateria ou não me preocupar em alterar a intensidade da luz.
IV – Farol desligado: quando eu esquecer de ligar.

- ARTIGO 11 -

Os condutores de veículos poderão fazer livre uso de buzina em qualquer horário ou local, desde que com os seguintes objetivos:
I – Apressar motoristas que conduzam de forma lenta ou atrapalhem a circulação.
II – Advertir, assustar ou ameaçar pedestres, de preferência idosos, gestantes, portadores de necessidades especiais, crianças pequenas ou de colo.
III – Chamar alguém que esteja nas proximidades.
IV – Festejar ou comemorar algum evento.
V – Mostrar a todos que seu veículo tem uma buzina possante e/ou original (neste caso, contendo trechos de melodias ou breves frases espirituosas).
VI – Extravasar emoções, sentimentos ou dar vazão ao simples prazer de buzinar.
VII – Estimular sua própria diversão e fortalecer a autoestima.

- ARTIGO 12 -

O estacionamento do meu veículo é livre de qualquer impedimento ou embaraço em qualquer horário e local, cabendo à autoridade competente zelar e, eventualmente, se beneficiar pecuniariamente de minha situação.

- ARTIGO 13 -

Os condutores de motocicletas, motonetas e ciclomotores devem sempre me conceder prioridade.

- ARTIGO 14 -

Os pedestres devem sempre me conceder prioridade.
I – Cabe ao pedestre prestar atenção aos sinais e no movimento dos veículos, obedecendo preferencialmente a este.
II – Cabe ao pedestre aprimorar-se na arte da travessia rápida e perigosa.
III – É vedado ao pedestre atravessar ruas, pistas, estradas e rodovias em diagonal ou fingir que não está vendo os veículos que se aproximam.

- ARTIGO 15 -

As velocidades máxima ou mínima permitidas para a via serão aquelas que melhor me convierem no momento. Não poderei ser punido por ter pressa, conduzir em zigue-zague, nem por conduzir lentamente (ao falar no celular, conversar ou discutir com outro passageiro, assistir à tela de vídeo instalada no veículo ou cochilar quando sentir necessidade).

- CAPÍTULO III -

DA SINALIZAÇÃO

- ARTIGO 16 -

Nas vias urbanas, os sinais luminosos e sem inscrições possuem três cores que se alternam:
I – Verde: passagem livre e prioritária para veículos motorizados.
II – Amarelo: o mesmo que verde.
III – Vermelho: o motorista tem ainda dez segundos para passar depois que a luz fica vermelha, podendo ainda, a seu critério, ultrapassar em qualquer tempo caso sua segurança esteja potencialmente ameaçada ou caso esteja com pressa.
IV – Os pedestres devem sempre conceder prioridade aos motoristas, nos sinais ou fora deles, devendo guiar sua conduta não pela sinalização, mas pela movimentação dos condutores de veículos, motorizados ou não.

- ARTIGO 17 -

A sinalização por gestos é facultada ao motorista nos seguintes casos e das seguintes formas:
I – Em complemento ou substituição dos sinais existentes na via pública ou produzidos pelo próprio carro (seta, pisca-alerta, buzina e faróis), ficando o motorista dispensado dos demais sinais quando utilizar os gestos.
II – Como forma de alertar, avisar, incentivar ou ameaçar outros motoristas e os pedestres.
III – Através de gesticulação obscena reconhecida universalmente.
IV – Fazendo barulho com pancadas na lataria do próprio veículo ou na dos veículos que estiverem nas proximidades.
V – O pedestre ou motorista que tocar em meu carro, seja com alguma parte do próprio corpo ou com seu respectivo veículo, motorizado ou não, estará cometendo infração gravíssima, independentemente dos danos materiais causados ou não, acrescida de ofensa, injúria, invasão de privacidade e violação da propriedade e de meu território de poder, ficando o infrator sujeito às penas legais ou à lei de Talião.
VI – O motorista não tem obrigação de reconhecer ou acatar a sinalização regular utilizada pelos demais motoristas, podendo interpretá-la livremente, aproveitá-la para sua conveniência ou simplesmente ignorá-la.
VII – A omissão de qualquer gesto ou sinal da parte do motorista transfere automaticamente a responsabilidade de segurança e prevenção de acidentes para outros que não o próprio.

- ARTIGO 18 -

Os moradores e proprietários de cada imóvel, comercial ou residencial, de cada vila, rua ou trecho de rua, prédio, bloco ou condomínio têm direito prioritário, único e exclusivo para a utilização da via pública ao redor de sua propriedade (calçada, meio-fio e rua) como melhor lhe aprouver, podendo ocupar, bloquear e reservar esses espaços para seus interesses pessoais, bem como de seus parentes, amigos, colegas ou clientes devidamente autorizados, criando suas próprias sinalizações verticais, horizontais, sonoras ou luminosas para tais fins privados.

CAPÍTULO IV

DAS INFRAÇÕES

- ARTIGO 19 -

Não constituem infração os seguintes procedimentos:

I – Atirar do veículo ou abandonar na via objetos ou substâncias.

II – Disputar corrida por espírito de emulação; promover, na via, competição esportiva, eventos organizados, exibição e demonstração de perícia em manobra de veículo, ou deles participar, como condutor; utilizar-se de veículo para, em via pública, demonstrar ou exibir manobra perigosa, arrancada brusca, derrapagem ou frenagem com deslizamento ou arrastamento de pneus.

III – Fazer ou deixar que se faça reparo em veículo na via pública.

IV – Deixar de guardar distância de segurança lateral e frontal entre o seu veículo e os demais, bem como em relação ao bordo da pista, considerando-se, no momento, a velocidade, as condições climáticas do local da circulação e do veículo.

a) Em caso de premência, tenho o direito de aproximar-me perigosamente do veículo que estiver à minha frente, como maneira de pressioná-lo a aumentar a velocidade ou deixar-me passar facilmente.

b) Em caso de premência ou por emulação, tenho o direito de executar manobras rápidas e arriscadas, como dar fechadas e me interpor entre veículos, com o objetivo de agilizar e facilitar minha passagem.

- ARTIGO 20 -

Constitui infração leve ou moderada dirigir sob a influência de álcool ou de qualquer outra substância psicoativa que determine dependência, cabendo ao próprio condutor definir o nível de ingestão de tais substâncias de acordo com seus hábitos e características físicas e emocionais.

- ARTIGO 21 -

Os casos omissos serão decididos com base nas Definições Gerais, levando em conta meu interesse e comodidade.

Em certas cidades, o trânsito parece composto por quatro grupos: motoristas assassinos, pedestres suicidas, ciclistas suicidas e motoqueiros assassinos e suicidas.

Projecto
Requerimento
Projecto de

VELHAS E NOVAS VASSOURAS

Bem antes do ínclito autor da *Gramática da língua portuguesa* nascer, em 1917, já se propagandeava como símbolo anticorrupção o utensílio feito de pelos de piaçaba, naturais ou artificiais, usado principalmente para varrer o lixo do chão.

Jânio da Silva Quadros, conspícuo criador de outras obras do mesmo gênero, como *Dicionário prático da língua portuguesa* (e presidente da República por quase sete meses), não foi o inventor da vassoura como emblema da moralização pública, embora tenha ajudado a popularizá-la para tal fim.

Já em meados do século XIX e no começo do século XX, a vassourinha aparecia como forma de limpeza da administração pública no Brasil. A corrupção traz a ideia de degradação, apodrecimento, sujeira. Vassoura remete à limpeza. Daí a popularidade eterna da imagem.

JINGLE DA CAMPANHA PRESIDENCIAL DE JÂNIO QUADROS

Varre, varre, varre
vassourinha
Varre, varre a bandalheira
Que o povo já está cansado
De sofrer desta maneira
Jânio Quadros é a esperança
Desse povo abandonado

JÂNIO
vem
aí...

O VARREDOR QUE LEVANTOU POEIRA

BOX 011-MM-C

Desde os anos 1950, Jânio Quadros usava a vassoura em suas campanhas eleitorais para deputado, prefeito e governador. Seus comícios e caminhadas eram acompanhados de multidões carregando vassouras e tochas iluminadas. O símbolo se espalhava em panfletos, cartazes e pela imprensa. Após tomar posse da presidência da República em 31 de janeiro de 1960 (ao lado do vice-presidente João Goulart), Jânio decretou uma série de medidas de efeito duvidoso.

Proibiu as corridas de cavalo em dias de semana, as rinhas de galo e o uso de maiôs cavados nos desfiles de misses, e de lança-perfumes no carnaval. Decretou o controle do jogo de cartas em clubes e entidades públicas. Na administração pública, criou comissões (chefiadas por militares) para averiguar o funcionamento de empresas estatais, mas não houve qualquer resultado no curto mandato. Quase três décadas depois, Jânio prosseguiria sua cruzada moralista. Como prefeito de São Paulo, proibiu a admissão de alunos homossexuais na Escola Municipal de Bailado: a diretora da unidade apresentou lista eliminando 25 jovens considerados anormais. E atacando o funcionalismo público (antigo bode expiatório dos problemas nacionais), o prefeito retirou-lhes benefícios, demitiu os não concursados, perseguiu grevistas e congelou os salários. Depois de tantos símbolos e badalações, fica a pergunta: o que foi efetivamente varrido pela vassourinha janista?

E ROUBARAM AS VASSOURINHAS!

Pois é, amigos, a coisa não está fácil. Quem iria imaginar que até a vassoura, antigo símbolo da luta contra a corrupção, seria roubada! Pois foi nada menos que esse o ocorrido na manhã de 28 de setembro de 2011, em Brasília, a Novacap, capital do futuro. O grupo Rio da Paz fincara, na noite da véspera, 594 vassouras (uma para cada parlamentar do Congresso Nacional), em protesto e para exigir medidas concretas contra a corrupção. Mas as vassouras foram sumindo. Transeuntes, servidores públicos e seguranças (!) levaram para casa o utensílio doméstico. Os próprios organizadores do evento acabaram cedendo aos que vinham lhes pedir um exemplar novo em folha. Acabou não se concretizando a entrega das vassouras aos senadores e deputados. "Queremos inaugurar uma nova fase da sociedade civil com o Congresso. Dizer que a corrupção vive no pior ambiente possível, gosta de escuridão, de penumbra. E o voto aberto é luz", afirmaram os promotores do evento.

Atento leitor habituado às lides domésticas escreveu para a redação deste livro afirmando com sabedoria: a limpeza depende de quem usa a vassoura. Agradecemos a anotação e aproveitamos o ensejo para conclamar os homens, públicos e domésticos, a aprenderem a usar com eficiência a *escuba*, para a limpeza adequada da *basura* (como se diz em castelhano). Varrido para debaixo do tapete ou do sofá, o lixo acaba reaparecendo.

CMTC
Jânio vem aí!!!

EXCOMUNHÃO PARA LADRÃO

BOX 012-MM-C

Aviso afixado na entrada da sala de leituras da biblioteca de um antigo convento na Colômbia:

"Haverá excomunhão reservada à Sua Santidade [o Papa] contra quaisquer pessoas que retirarem, desviarem ou, de qualquer outro modo, transferirem algum livro, pergaminho ou papel desta Biblioteca, sem que possam ser absolvidas até que a obra esteja perfeitamente reintegrada."

O LIXO DA *BIBLIOTHECA*

O livreiro Amoedar descobriu um jeito de vender os livros do catálogo da imponente Imperial Bibliotheca, prédio que enche de orgulho, colunas e escadarias o centro da antiga capital da Barafúndia, grande território nas longínquas terras do oceano Módico. Comprar a boa vontade de dois modestos funcionários não foi difícil, nem caro. Alugar uma salinha que fica no prédio pesado e quadrado com vistas para os fundos da Bibliotheca, na rua Panamá, também não. O negócio valia a pena. O doutor jurídico abastado, o empresário voraz entediado, o colecionador sempre impulsionado, todos queriam o prazer secreto de violar a grande Bibliotheca. E foi assim.

– Amoedar, estive olhando no fichário das raras obras aquele incunábulo do século...

– Qual é a referência do catálogo?

– XYZ171.

– Depois de amanhã lhe entrego em mãos.

No dia seguinte, à hora do almoço, o secretário de Amoedar, Águas Rahnuc, estava na lanchonete da rua Panamá casualmente sentado junto ao funcionário 1. Falava-lhe o códice, como se não estivessem se falando. Fim da tarde, como de hábito, sacos de lixo acumulavam-se na calçada, próximos ao meio-fio, aguardando a coleta pelos caminhões da Arutieferp. Os sacos tinham sido colocados pelo funcionário 2, que não se esquecera de dar um nó diferente num deles, amarrando-lhe também uma longa tira de papel. Minutos depois (e antes de os lixeiros passarem), Ranhuc, que observava discretamente da janela a rotina do imponente prédio, desceu à rua quase deserta, retirou, tranquilo, o saco, e, longe dali, extraiu, cuidadosamente embrulhado em plástico e papel, o incunábulo.

– Amoedar, tudo bem?

– Fala, doutor...

– Vi um livro ilustrado do século XIX que...

– Vamos vêr se você serve. Arrombe isso.

MENINOS, EU VI

O professor lia com estranheza aquela prova. Estava bem escrita, mas soava familiar. Trazia muitas informações que não tinham sido apresentadas nas aulas, nem na bibliografia específica sobre o tema. Chegando em casa, foi conferir e encontrou. A prova fora literalmente copiada de um livro; duas páginas inteiras, diretas, sem modificar uma vírgula, sem aspas, sem citar a obra ou o autor verdadeiro. Na aula seguinte o professor pediu que o aluno fulano se apresentasse. Não estava lá, ou preferiu se encolher. Os demais alunos permaneceram impassíveis.

Incomodado, o professor desabafou: "Cada um faz o que pode. Os deputados usam verbas indevidas e abusivas, os políticos se beneficiam e inventam bandalheiras, cada um no âmbito do poder que tem. O poder dos alunos é estudar e participar. Do contrário, estão fraudando dinheiro público, usando indevidamente e irregularmente a verba, precária, que mantém as universidades públicas." Essa foi a primeira de uma série de fraudes intelectuais que eu presenciaria ou das quais ouviria falar. Muitas envolvem casos semelhantes, uns relativamente amenos, outros mais graves, incluindo obtenção de títulos de professores e alunos. Espalham-se pelos muros das faculdades anúncios de "profissionais" oferecendo-se para fazer trabalhos, monografias, dissertações e teses. Fraudam, assim, os fundamentos e o sentido da existência das universidades. Depois é fácil colocar a culpa no FMI.

RAÍZES DA CORRUPÇÃO

- Sim, eu sei: há sapatos de outros clientes na frente, mas se você fizer o meu antes, te dou uma "cervejinha"!

DITADOS
BRASILEIROS

Feita a lei, cuidada a malícia.

Dinheiro malganhado o diabo leva.

Morto o afilhado, acabou-se o compadrio.

Olho viu, a mão boliu.

Uma Caridosa Senhora da nossa sociedade...
1 - Mme Nini Peixoto é, sem duvida a mais caridosa dama do Rio. O que seria dos pobresinhos sem o seu auxilio?..
2 - E, graças a ella, que o Comor Peixoto, seu marido, dá de bom grado uma bôa parte do seu rendimento.
3 - Mas não ha outro remedio!! São tantos os pobres... Gastam-se rios de dinheiro para manter a creche.
4 - So em joias, Mme Nini Peixoto gasta sommas fabulosas...

5.- E a modista ?.... Essa quer ás centenas de mil reis.... Que fazer? ... Vae uma roda muito fina à creche.........

UM DIA NA VIDA DE CORRUPTINO

Era uma vez, num país distante, em época remota, um sujeito chamado Corruptino. Corruptino era um homem feliz. Considerava-se realizado e honesto, com família exemplar e boa saúde, apesar de viver em um país com inúmeros problemas, entre os quais a roubalheira generalizada era um dos mais graves. Morava numa bela e sólida casa, espaçosa e em recanto silencioso, arborizado, mas próxima do centro agitado da cidade.

6 - Depois, sabemos lá, tem
a conta do sapateiro, da
colleteira, do cabelleireiro,
mil coisas a pagar !!.....
7- E fica, afi-
nal pouco di-
nheiro......
8-..... para pagar a despeza do au-
tomovel, porque parece mal ir de bonde...
9- As bandeiras e os festões para
ornamento da rua, tem um preço
absurdo.......
10- ... depois o lunch é caro. É preciso assim.
Vão lá o prefeito e pessoas da melhor sociedade....

MANHÃ

Todas as manhãs, ao acordar em seu confortável leito de colchão ortopédico especial extramacio, cercado por travesseiros de pena de ganso, Corruptino acende a lâmpada de raios antirreflexos (trazida dos Estados Unidos, sem passar pela Alfândega, por um amigo comissário de bordo) do abajur que fica na mesa de cabeceira.

Iluminação um pouco mais cara, porém com efeitos benéficos, como proteção da vista e expansão suave do raio de claridade. Corruptino nem se preocupa (são tantos compromissos e tarefas) com a instalação que ele e seus vizinhos de mansão mantêm diretamente do gerador de energia elétrica da rua, o que funciona muito bem. O zé-povinho e a mídia escandalosa chamam isso de "gato", mas Corruptino não está nem aí. Afinal, pensa ele, para que dar grana a um governo ladrão e seus associados, alimentar bandalheira de políticos safados e burocratas preguiçosos, quando podemos preservar, pelo menos um pouco, o dinheiro ganho com o suor de nosso trabalho? Verdade que certa vez apareceu um fiscal uniformizado criando problemas, mas foi logo apaziguado por um generoso uísque amigo. Agora, todo mês o tipo passa religiosamente por ali para pegar uma cervejinha. É isso o que dá, o vício da bebida, lamenta.

Espantando essas lembranças desagradáveis, Corruptino já está de pé se arrumando para mais um dia de labuta. Sente-se à vontade com seu terno bem-talhado, inglês, meias e camisa de linho francesas, sapatos italianos. Teve a sorte de ampliar seu guarda-roupa graças à parte de contrabando rifado (ele não soube quando, nem por quem) entre um grupo de amigos. As taxas de importação são absurdas, um roubo! Corruptino andava atarefado e pediu a um colega que escolhesse algumas peças para ele. As abotoaduras de ouro têm origem diferente, pois vieram da comunidade vizinha; perfeitas, em ótimo estado. Foi seu jardineiro que apareceu propondo. Mostrava-se tão interessado que Corruptino desconfiou de que ele levasse algum na intermediação. Mas a vida já tem tantos aborrecimentos que não vale a pena esquentar, e o rapaz também está no direito de melhorar sua condição, ponderou.

Aliás, Corruptino tem a vaga lembrança de que alguns dos eletrodomésticos da casa (o forno micro-ondas, talvez?) vieram da mesma origem. Fazendo vista grossa, ele acredita que ajuda a amenizar a pobreza e o infortúnio daquela gente e, de quebra, evita que sua casa seja assaltada. A ladroagem está em todas as classes da sociedade, filosofa balançando a cabeça penalizado, enquanto desce para o café da manhã.

Propina, esposa de nosso personagem, já estava de pé organizando a primeira refeição. Ela garante que não se pode confiar nos empregados. Ainda mais esta moça, no serviço há pouco tempo. Veio do sertão do nordeste, indicada por uma prima que já trabalha há mais tempo na cidade, mal sabe ler e não conhece nada da *nouvelle cuisine*, nem as receitas da Ana Maria Braga. Propina terá o trabalho de educar essa "bugre", dar-lhe casa e comida. E depois ainda falam em salário-mínimo, carteira assinada e outras exigências, desabafa ela com o marido, que não lhe dá ouvidos. Entre um gole de café e uma dentada no sanduíche, ele se entretém na leitura do mais recente escândalo de corrupção, estampado com destaque no jornalão. Peremptório, Corruptino larga o jornal e afirma que só uma ditadura extirpará essa chaga que corrói nossa pátria!

Já dentro de seu carro importado e com vidro blindado (o que não falta são quadrilhas de sequestradores, aprendizes de terrorista, lembra Corruptino ao parar no sinal e olhar para os lados), nosso personagem não vai direto ao escritório. Antes, tem de passar num cartório para resolver uma de suas pendências judiciais. Ele considera que economiza ao não pagar parasitas como despachantes e advogados. É impossível estacionar naquele lugar, e ele se atrapalha. Mas agora já conhece um guardador na rua que sempre dá um jeito: o veículo fica na calçada, na porta de uma garagem ou numa vaga oficial (em geral vazia a essa hora). Corruptino e o guardador sorriem cúmplices, quando este vê escorregar para seu bolso do uniforme surrado uma verdinha discretamente dobrada. Ambos parecem satisfeitos com essa forma de redistribuição de renda: já que a pobreza não pode ser eliminada de uma vez, por que recusar paliativos? Esta seria uma política governamental sensata, avalia Corruptino, que nem precisou entrar no cartório. Na papelaria ao lado, onde parou para tirar xerox, o serviço foi rápido. A papelaria tem porta contígua com o cartório, e, em poucos minutos, nosso personagem saiu de lá aliviado, pois não precisou enfrentar a fila que chegava na calçada para ter seus documentos devidamente carimbados. Nada como facilitar nosso dia a dia, murmura para si mesmo. Que crime há nisso?

Mas, olhando no relógio de ouro (presente que recebeu de um amigo senador empreendedor), Corruptino se dá conta de que já está na hora do almoço. Perdeu a manhã toda preso pelas malhas da burocracia e das regras de um Estado inoperante e inútil, lamenta enquanto se dirige para o restaurante habitual.

TARDE

Como de hábito, o restaurante estava cheio àquela hora, mas os manobristas e garçons, habituados com a presença fiel de Corruptino (e suas amáveis gorjetas), já haviam guardado vaga para o carro no estacionamento e para o cliente na mesa que ele se habituara a frequentar. Como diz o provérbio, o hábito faz o monge.

Enfim no escritório, cujo janelão envidraçado desvela uma vista panorâmica, nosso personagem se depara com assuntos chatos: cartas com pedidos de emprego, ofertas de negócios em licitações. Essa gente não toma jeito, murmura, com a visão perdida nos longes do horizonte. Ao fim de tarde, depois de reunião, telefonemas e troca de correspondências com integrantes dos diversos grupos em que participa dos conselhos, além de resolver pequenos entraves à boa marcha dos negócios, Corruptino se apressa na volta ao lar.

Irritado com a lentidão do trânsito, ele aproveita a chance e avança um sinal vermelho (afinal, é apenas para pedestre e sem fiscalização eletrônica), mas logo escuta o apito estridente de um guarda escondido atrás do poste. Esses caras são bandidos fardados e as multas, verdadeiros caça-níqueis, pensa Corruptino, enquanto ensaia seu melhor sorriso para a autoridade que se aproxima.

Nosso personagem já conhecia o riscado, passara outras vezes pela mesma situação, seus amigos contavam casos semelhantes. O guarda enumera as infrações, suas gravidades, penalização de pontos na carteira de motorista e o preço da multa. Não se poderia dar um jeito? O guarda se entrega ao trabalho de argumentar o que já estava previamente combinado, mesmo sem ser dito. Faz isso por consideração ao doutor, para evitar-lhe aborrecimentos e despesas, ele próprio é pai de família, compreende a situação, a vida anda cada vez mais cara, o governo não aumenta o salário, os políticos corruptos. O método mais comum é colocar a cédula dentro da carteira de documentos a ser vistoriada pelo guarda, mas não adianta ser pão-duro: se a quantia for pequena, a negociação se complica. Depois de trocarem "abraços" verbais, Corruptino continua seu caminho tranquilizado. Já soube de casos piores: um casal

de amigos, parado sem cometer nenhuma infração, teve simplesmente a carteira de habilitação do condutor roubada na verificação pelos guardas que, devido à "ausência" de documento, cobraram uma quantia ainda maior para liberarem o motorista e o veículo. Corruptino costuma conseguir facilidades na hora de renovar a carteira de habilitação ou a licença do carro, mas ainda não obteve a dispensa de comparecer pessoalmente a tais lugares para os procedimentos necessários. Sua esposa, insegura, teve que comprar a carteira de... Corruptino interrompe a lembrança e liga o rádio do carro. A noite começa quando ele finalmente retorna ao aconchego do lar. A noite é uma criança.

NOITE

A família se reúne para uma refeição rápida. Todos têm compromissos noturnos. Propina, animada, não pode deixar de comparecer à reunião da Linha Esperança Vida Especial (LEVE), organização não governamental (ONG) sem fins lucrativos da qual é diretora de atividades sociais.

A instituição atua na comunidade vizinha à residência, fornecendo computadores para as crianças carentes, permitindo assim que mesmo os mais desfavorecidos pela sorte possam ter acesso ao mundo inesgotável e maravilhoso da informática, em sintonia com as novas tendências de integração mundial. Corruptino, apesar de não comparecer a tais reuniões, colaborou decisivamente na obtenção de recursos governamentais que financiam a entidade não governamental. Inutilmente, tentaram manchar a reputação filantrópica e despretensiosa de suas participantes, que mereceram a honra da bênção do cardeal arcebispo, enviada através de mensagem em papel timbrado da arquidiocese, no dia da entrega da primeira leva de computadores. Um jornalista atrevido chegou a falar em "máfia da caridade" e "mão leve", numa piada de gosto duvidoso quanto ao nome da ONG. Mas essa voz dissonante foi logo descartada pelos dirigentes da mídia isenta e sadia, que tem feito uma cobertura ampla e respeitosa das realizações da LEVE, finaliza Propina em sua preleção noturna.

Senta-se também à mesa Bolsinho, filho do casal. Ele conta a novidade do dia: mesmo sem ter estudado (os textos são difíceis, as aulas, insuportáveis, os professores, idiotas), tirou boa nota na prova. Pagou um colega para fazer resumo dos pontos e desenvolver respostas às questões que poderiam cair. E fez a cola através de recursos usados no microrrelógio com chip, guardado no bolso da blusa, que recebe o resultado remetido de celular. Nada de sujar a pele com caneta, soprar a resposta no ouvido ou escrever debaixo da carteira, como se fazia no tempo de seus pais. O melhor, lança Bolsinho em meio a uma risada, é que o tal colega, depois da prova, confessou ter copiado as respostas de um site famoso da internet que, por sua vez, transcrevera (sem citar), palavra por palavra, o texto de um autor especialista no assunto. Essa gente tem que se acostumar à democratização dos novos tempos, das informações sem fronteiras, afirmou o jovem, que acabara decorando trechos do artigo plagiado na prova.

Com ar grave, Corruptino indaga ao filho se é verdade que existem traficantes de drogas atuando na porta (e dentro) do estabelecimento escolar. Bolsinho nega, em tom firme, garantindo tratar-se de mentira espalhada pela repressão. Propina afaga a cabeça do filho, reiterando sua confiança no rapaz. Corruptino pensa rapidamente na verba que já teve de gastar com guardas de trânsito, e das delegacias, para livrar o jovem de enrascadas. Mas não é hora de pensar nessas coisas, e todos se levantam rumo às atividades noturnas. Bolsinho não sabia se viria dormir em casa (na madrugada, participaria, com os amigos, de um "pega" entre automóveis).

Corruptino comparece à cerimônia de entrega do Prêmio Progresso e Sucesso do Ano, do qual é um dos agraciados. Conversa reservadamente numa sala com um deputado verde esmaecido que, diferente dos ecologistas atrasados que tentam impedir o progresso no país, fizera alterações no projeto de lei (de sua própria autoria) que fiscaliza embalagens e conteúdos de bebidas industrializadas. Ambos saíram do aposento discretamente, sem sorriso amarelo.

Orador em nome dos premiados, Corruptino pronuncia um vigoroso discurso (o redator que contratara foi certeiro) contra a ineficiência do Estado e a corrupção. Acusa sem medo os políticos corruptos, ainda que sem nomeá-los, embora faça exceção aos governantes, administradores e parlamentares comprometidos com o progresso da nação, sem esquecer o agradecimento aos meios de comunicação, que, cada vez mais livres dos entraves totalitários, cumprem a benéfica e responsável tarefa de denunciar abusos e desrespeitos à lei e à ordem. Maus profissionais existem em todas as atividades, mas há que extirpá-los, para que não contaminem e apodreçam os demais frutos do mesmo cesto. Reverbera contra a degradação dos costumes, conclama as instituições escolares e culturais a cumprirem efetivamente sua dimensão educadora de um povo tão carente de educação, cultura e civismo. Faz a defesa dos valores sagrados de tradição, família e propriedade, adaptados aos novos tempos globalizados e às novas perspectivas tecnológicas de liberdade que poderão fazer face à crise que nos ameaça, em busca do progresso e da perfeição universal.

Encerrando seu pronunciamento (quando algumas cabeças oscilam em cochilo e vários assistentes mexem-se inquietos nas confortáveis cadeiras do auditório munido de telão, fones de ouvido em cada assento e ar climatizado, talvez pensando no farto coquetel no salão ao lado), Corruptino faz questão de lembrar suas origens. Menino pobre, de uma família que passou dificuldades e enfrentou dias difíceis, privações e incertezas, ele conheceu de perto a miséria e orgulha-se de, superando as dificul-

dades, ter subido na vida e conquistado seu próprio espaço, desejando sinceramente que todos possam ter as mesmas oportunidades. Nosso país tem tudo para dar certo, muitas riquezas e privilégios da natureza. Sem a corrupção, finaliza sob aplausos, certamente estaríamos numa sociedade mais justa, civilizada e organizada.

Ao receber os cumprimentos, nosso personagem trocou um caloroso abraço com certa figura conhecida da vida pública, ex-governador de importante estado da federação, exercera mandatos executivos e legislativos, candidatara-se aos mais altos postos. Sem conter velhos hábitos dos duros tempos, Corruptino fez passar imperceptivelmente a recheada carteira do interlocutor para o bolso de seu próprio terno importado. Somente ao circular pelo coquetel, nosso personagem sentiu falta de seu estimado relógio de ouro. Olhou em volta, o figurão já tinha ido embora. Já não há mais lugar para amadores, refletiu silenciosamente, sem perder o sorriso cristalino.

E assim se passou mais um dia na vida de Corruptino, num país remoto, em época distante.

Qualquer semelhança com qualquer realidade não é mera coincidência. "Um dia na vida de Corruptino" é uma paródia e homenagem ao folheto *Um dia na vida do Brasilino*, de Paulo Guilherme Martins. Nesse verdadeiro sucesso editorial de fins da década de 1950 e início dos anos 1960, o personagem Brasilino simbolizava no dia a dia o predomínio das empresas multinacionais no país. Essa publicação da esquerda nacionalista teve dezenas de edições e centenas de milhares de exemplares e ajudou a formar consciências críticas. O "abraço" final é inspirado na música "Profissionalismo é isso aí", de João Bosco e Aldir Blanc.

PROFISSIONALISMO É ISSO AÍ

JOÃO BOSCO E ALDIR BLANC

Hoje tenho status,
mordomos, contatos
Pertenço à situação
Mas não esqueço
os velhos tempos:
Domingo numa solenidade,
Uma *ôtoridade* me abraçou.
Bati-lhe a carteira, nem notou,
Levou meu relógio
e eu nem vi,
Já não há mais lugar
para amador!

ALARME FALSO

CORRUPÇÃO COR.RUP.ÇÃO

sf (lat corruptione) 1 Ação ou efeito de corromper; decomposição, putrefação. 2 Depravação, desmoralização, devassidão. 3 Sedução. 4 Suborno. Var: corrução.

CORRUÇÃO COR.RU.ÇÃO

sf (lat corruptione) 1 O mesmo que corrupção. 2 O mesmo que maculo.

CORRUPTOR COR.RUP.TOR

adj (lat corruptore) Que corrompe, ou é próprio para corromper. sm 1 Subornador. 2 Alterador de textos. Var: corrutor.

CORROMPER COR.ROM.PER

(lat corrumpere) vtd e vpr 1 Decompor(-se), estragar(-se), tornar(-se) podre: A morte corrompeu aquele formoso corpo. No verão, a carne corrompe-se em poucas horas. vtd e vpr 2 Alterar(-se), desnaturar(-se), mudar(-se) para mal: A partitura corrompeu o sentido da letra. "A grande antiguidade foi corrompendo o nome de Mártires em Martens" (Camilo Castelo Branco). Essa língua se corrompeu, passando à América. Corrompeu-se-lhe o estilo na servil imitação dos clássicos franceses. vtd e vpr 3 Depravar(-se), perverter(-se), viciar(-se): Ao contrário do amor, a ciência corrompe o coração. Essa forma de governo corrompe-se e arruína-se dia a dia. vtd 4 Induzir ao mal: seduzir: "Este corrompe virginais purezas" (Luís de Camões). vtd 5 Peitar, subornar: O espião corrompeu--os com dinheiro.

CORRUPTÍVEL COR.RUP.TÍ.VEL

adj m+f (lat corruptibile) 1 Suscetível de corrupção. 2 Venal. Var: corrutível.

CORROMPIDO COR.ROM.PI.DO

adj (part de corromper) O mesmo que corrupto.

Muitas denúncias e campanhas contra a corrupção são verdadeiros alarmes falsos. Algo do tipo: alguém viu a corrupção que estava aqui? Sumiu, ninguém sabe, ninguém viu! Denúncias infundadas e repetidas, tais alarmes servem, em geral, para atacar os acusados por outros motivos, não assumidos claramente. E, sobretudo, trazem um paradoxo: os alarmistas falsos costumam praticar, com alguma frequência, aquilo de que acusam seus adversários, criando uma cortina de fumaça.

TUDO COMEÇOU COM OS DEGREDADOS?!

O Brasil tornou-se um país de ladrões, pois seus primeiros povoadores foram criminosos da pior espécie enviados de Portugal para colonizar a terra recém-descoberta. Seria tão fácil explicar assim. Esse é um típico "alarme falso" histórico. Em primeiro lugar, cabe a pergunta básica: quem eram, afinal, esses degredados? Que crimes cometeram? Algumas pesquisas recentes ajudam a esclarecer os fatos. Entre 1540 e 1720, foram contabilizados 590 homens e mulheres enviados pela Inquisição ao Brasil, como castigo, para cumprir penas de três a dez anos, segundo o historiador Geraldo Pieroni.

Os crimes considerados pelo Santo Ofício eram de ordem religiosa, moral e sexual: bigamia, sodomia entre homem e mulher, ou entre homens; judaísmo, heresia, blasfêmia. Havia também os padres que eram acusados de molestar fiéis, os falsos frades, os visionários, feiticeiros (sobretudo mulheres) e curandeiros. Para muitos desses "culpados", a condenação se confundia com perseguição cultural e política. Os tribunais não religiosos, por sua vez, enviavam ao degredo homicidas,

ladrões e os que haviam de alguma maneira contestado ou ameaçado a ordem política e social. A condição social variava: havia comerciantes ricos e até nobres, mas a maioria vinha das camadas mais pobres da população lusitana. Eram abades, padres, freiras, negociantes, juízes, artesãos, sapateiros, carroceiros, pequenos agricultores, mulheres do lar ou empregadas domésticas, doceiras e escravos alforriados.

Surgiu daí um mito de origem nacional, aliás bastante questionável: tais Adões e Evas seriam os geradores de um povo degenerado. O impacto desses exilados no povoamento das terras americanas não parece ter sido grande. Eram pessoas constantemente vigiadas pelas autoridades coloniais no Brasil e muitos voltavam a Portugal depois de cumprida a pena. Imaginar que todos os descendentes daqueles que ficaram definitivamente no Brasil, ao longo de séculos, perpetuariam um comportamento tido como desonesto (no critério oficial dos séculos XVI a XVIII), convenhamos, é ter uma imaginação bastante fértil.

EU TAMBÉM QUERO ROUBAR

HERVÊ CORDOVIL

Todo mundo rouba, rouba
Eu também quero roubar.

CAMARA
POLITICAGEM

MAR DE LAMA

A expressão indica corrupção espalhada, suja, pegajosa, contaminadora e paralisante; em grandes proporções, oceânicas. Tal nome surgiu nos idos de 1954, quando aumentava de tom a campanha oposicionista contra o presidente Getúlio Vargas, que, em agosto do mesmo ano, suicidou-se quando seria deposto.

O problema específico que gerou o mar de lama foi a iniciativa da guarda pessoal do presidente de tentar assassinar seu principal e mais violento adversário político, Carlos Lacerda, que fazia oposição na base de acusações morais e pessoais. A iniciativa não era do conhecimento de Getúlio, o mais prejudicado com o desastrado gesto. Para falar mais exatamente, foi uma poça de lama, na qual o ex-ditador e então presidente eleito (que contrariava interesses de grandes empresas nacionais e multinacionais) escorregou e caiu.

Fora isso, o que se provou? Havia, como ainda há, a corrupção sistemática do Estado nacional, baseada em nepotismo, clientelismo e apropriação da máquina pública por interesses privados. Certamente havia políticos e funcionários corruptos em todos os escalões. Descobriu-se, por exemplo, que um dos irmãos de Vargas havia sonegado informações ao Imposto de Renda e o delito individual transformou-se, pelo poder da mídia, em escândalo nacional. Não consta que Vargas (rico estancieiro antes de chegar ao poder, político habilidoso e ditador violento) tenha aumentado seu patrimônio depois de dirigir o país por quase 19 anos. Getúlio não realizou operações rentáveis para privatizar empresas estatais. Ao contrário, criou-as. Nem consta que houvesse, em torno dele, esquemas montados para desviar dinheiro público, como se faz de modo notório nos tempos presentes. Muita tinta se gastou, muito papel se usou, muita gritaria ecoou; mas o tal mar de lama, atribuído ao governo Vargas, assim como surgiu, evaporou.

nássara

CONSTRUÇÃO DE BRASÍLIA

A construção de Brasília foi a maior roubalheira do século! Foi mesmo? Quanto, afinal, foi roubado? Quem embolsou o dinheiro? Apesar da enorme repercussão, nada ficou solidamente comprovado. Talvez pela antiga ocultação de parte da mídia e pelo *jeitinho* do governo? Tudo começou com a Novacap, empresa estatal criada em 1956 pelo presidente Juscelino Kubitschek para executar a construção e urbanização de Brasília, inaugurada quatro anos depois.

A UDN (mais uma vez), através de Carlos Lacerda (idem) e outros membros, fez rumorosa e insistente campanha. As obras da nova capital eram pretexto para roubo desenfreado dos cofres públicos. Criou-se uma Comissão Parlamentar de Inquérito para investigar as condições de construção de Brasília, organização e regulamentação de seus serviços públicos, com participação, inclusive, de udenistas. O diretor da Novacap, Israel Pinheiro, principal alvo das acusações, afirmou: "Seria inocência imaginar que não houvesse nenhum oportunista inescrupuloso entre milhares de indivíduos ligados às obras, fornecedores, apontadores, técnicos, transportadores, até mesmo funcionários. Mas foram pouquíssimos os casos e os culpados, sempre punidos." A CPI não apresentou provas de superfaturamentos consideráveis nem chegou a um cálculo quanto ao custo da construção da nova capital. Até que ponto por ingerência política do vibrante governo JK?

1964: CORRUPÇÃO E SUBVERSÃO

Os dois principais argumentos para o desfecho do golpe civil-militar em 1º de abril de 1964 foram salvar o Brasil da corrupção e da subversão. Por exemplo: quando o presidente Juscelino Kubitschek teve os direitos políticos cassados, não se sabia o motivo alegado. Caso fosse por corrupção, JK mandou recado aos novos donos do poder: cometeria suicídio e deixaria uma carta-testamento. Dias depois o governo civil-militar divulgou: Juscelino foi cassado por subversão. Curiosos argumentos. Quem analisar um pouco a preparação desse golpe, vai se deparar com duas siglas significativas.

IBAD A SIGLA DA CORRUPÇÃO

O Instituto Brasileiro de Ação Democrática foi criado em 1959 com o objetivo de combater o comunismo no Brasil. Na verdade, combateu as forças políticas democráticas em geral. Atuava em duas frentes: financiando campanhas eleitorais de candidatos e comprando espaço na mídia (jornal, rádio e televisão) para propagandear seus pontos de vista. Gastaram-se bilhões de dólares, quantia nunca contabilizada totalmente. Seus financiadores eram empresas nacionais e estrangeiras: Coca-Cola, Shell, Texaco, General Electric, IBM, Ciba, Schering, Bayer, Souza Cruz, Coty, Belgo Mineira e Herm Stoltz. O IBAD teve grande poder nas eleições de 1962, durante o governo João Goulart. Políticos, jornalistas e militares foram comprados pela entidade. Instalou-se uma Comissão Parlamentar de Inquérito da qual participaram, entre outros, Elói Dutra, Rubens Paiva, José Aparecido de Oliveira, Pedro Aleixo e Ulysses Guimarães, além de parlamentares ibadianos que a todo momento tentavam obstruir os trabalhos. O governo federal fechou a entidade em 1963, alegando corrupção eleitoral, fartamente provada pela CPI. Elói Dutra, que propusera a CPI – deputado federal do PTB e da esquerda nacionalista com grande votação e, depois, vice-governador da Guanabara (eleito com mais votos do que o governador Carlos Lacerda, seu opositor) –, teve seus direitos políticos cassados, assim como José Aparecido e Rubens Paiva, que seria assassinado pela ditadura. O IBAD havia cumprido seu papel.

IPES A SIGLA DA SUBVERSÃO

Criado em 1961, o Instituto de Pesquisas e Estudos Sociais teve como objetivo principal derrubar o governo João Goulart, através da formação ideológica e articulação política, atuando junto ao movimento estudantil, universidades, meio sindical, setores da classe média e militares. Seus membros eram empresários, políticos e oficiais militares de São Paulo e do Rio de Janeiro, embora recebesse também contribuições de empresas estrangeiras, como a Light, a Mercedes-Benz e a Mannesmann. Chegou a ter cerca de mil integrantes que se reuniam periodicamente, entre os quais o general Golbery do Couto e Silva, José Ermírio de Moraes, Israel Klabin, Antonio Gallotti e Cândido Guinle de Paula Machado.

Mas, afinal, quais seriam essas pesquisas e estudos sociais? O grupo de estudos carioca, por exemplo, que aprofundou a questão, sob a coordenação de Golbery, acumulou considerável acervo sobre o comunismo no país; material que serviria de base para a formação do famigerado Serviço Nacional de Informações (SNI).

A produção escrita foi ampla. Livros, cartilhas, manuais e artigos para jornais, programas radiofônicos e televisivos, tudo distribuído farta e gratuitamente. Um dos principais redatores do IPES foi o escritor Rubem Fonseca, posteriormente autor de obras literárias de sucesso e que, na ocasião, acumulava as funções de delegado policial. Rubem Fonseca aproveitou-se da rede editorial *ipesiana* para fazer suas primeiras publicações. Entre os livros da instituição estava um intitulado *UNE, instrumento de subversão*.

O IPES financiou a criação de grupos e associações civis e paramilitares. Entre os primeiros, a Campanha da Mulher pela Democracia (Camde), do Rio, e a União Cívica Feminina, de São Paulo, que organizaram a Marcha da Família com Deus pela Liberdade, golpe de misericórdia no governo Goulart. Havia, ainda, Círculos Operários, Confederação Brasileira de Trabalhadores Cristãos, Movimento Universitário de Desfavelamento (sic) e o Instituto Universitário do Livro. Entre os segundos estavam grupos anticomunistas que faziam pichações, comícios, interrompiam manifestações de esquerda e passariam à agressão física de seus oponentes.

DEU NO QUE DEU

Um movimento que afirma ter como objetivo combater a corrupção e a subversão e se organiza, desde o começo, através desses dois meios. Pode-se dizer da derrubada do governo Goulart o mesmo que se disse do suicídio de Vargas: o que se provou efetivamente? Os tsunamis subversivos e corruptos que pareciam tragar o país vinham do lado dos que atiraram as pedras. Dezenas de Inquéritos Policial-Militares (IPMs) foram instaurados, pessoas detidas para investigação tiveram suas vidas pessoais e profissionais vasculhadas. Milhares foram demitidos sem qualquer averiguação. Episódios patéticos ocorreram na ânsia de provar os crimes do adversário deposto.

Falava-se muito no Ouro de Moscou ou de Pequim, para denunciar as atividades financiadas por potências estrangeiras visando destruir a democracia no Brasil. Dado o golpe, onde achar provas? Um grupo de nove chineses foi preso num apartamento no Rio de Janeiro. Ali estavam os agentes de Mao Tsé-Tung para implantar o comunismo! Foram acusados de estarem no Brasil para assassinar lideranças políticas, como o marechal-presidente Castello Branco e o governador Carlos Lacerda. O crime seria perpetrado com uma pequena seringa contendo veneno mortal. Gênero filmes de espionagem.

Os chineses viram-se fotografados ao lado de cartilhas marxistas, do *Livro vermelho*, de Mao, malas repletas de panfletos, dólares e até algumas armas de pequeno porte. Exibidos nos jornais, rádios e TVs, humilhados, foram insultados ao vivo pela deputada Sandra Cavalcanti e acusados pelo jornal *O Globo*. Acabaram presos e espancados. O novo governo militar aproveitou o pretexto e rompeu relações com a China.

No final das contas, os terríveis "amarelos" eram integrantes da Missão Comercial da República Popular da China, reconhecida pelo Itamaraty, e estavam acompanhados de jornalistas da agência de notícias *Hsinhua*, de Pequim. Não entendiam uma palavra de português e arranhavam no inglês. Tinham como objetivo estudar as possibilidades de negócios com o Brasil e entrar em contato com autoridades e empresários. O material incendiário fora plantado pelos revolucionários (como se autointitulavam) de 1964.

DITADOS
BRASILEIROS

Dinheiro de ladrão não engorda cristão.

Quem não sabe fingir não sabe governar.

Ladrão endinheirado não morre enforcado.

O costume faz a lei.

KOMINTERN

PLANO COHEN

O Komintern (órgão internacional da política externa da União Soviética) traçou um plano para levar ao poder os partidos comunistas em todo o mundo. Tal estratégia começava a ser aplicada no Brasil, mas foi descoberta a tempo pelas autoridades civis e militares. Para prevenir esse perigo, Getúlio Vargas decretou, em novembro de 1937, uma ditadura sob o nome de Estado Novo, que durou oito anos. O perigoso projeto chamava-se Plano Cohen.

A divulgação do Plano Cohen assustou parte da população e criou comoção nos meios políticos e militares. A imprensa fez estardalhaço. Havia diretrizes traçadas por etapas. Inicialmente, tratava-se de "criar na massa proletária brasileira os reflexos da solidariedade e disciplina e despertar na mesma a combatividade que lhe falta". O passo seguinte era promover "marchas coletivas de todo o operariado, que irá aos patrões em atitude absolutamente pacífica". Chegar-se-ia, assim, a uma greve geral. No meio da paralisação, surgiria um "comitê de incêndios", que deveria saquear prédios públicos e bairros de alta renda: "as massas deverão ser conduzidas aos saques e às depredações, nada poupando para aumentar cada vez mais a sua excitação, que deve ser mesmo conduzida a um sentido nitidamente sexual, a fim de atraí-las com facilidade." Em coroamento, a ação militar: ataques a quartéis e pontos estratégicos. No caso de fracasso total ou parcial, apresentava-se uma lista de dirigentes civis que deveriam ser sequestrados e fuzilados.

Este ameaçador Plano Cohen foi uma fraude. Falsificação grosseira, redigida pelo então capitão do Exército Olympio Mourão Filho, chefe do serviço secreto da Ação Integralista Brasileira, partido de inspiração nazifascista. A armação serviu de pretexto para o golpe, suspensão das liberdades e agressiva repressão, além de censura prévia à imprensa e prisão de milhares de opositores do regime. Plano falso, ditadura verdadeira.

Ao fim do Estado Novo, a farsa foi desmascarada por um importante chefe militar, o general Góes Monteiro. O mesmo Olympio Mourão Filho, quando general, deflagraria precipitadamente o golpe civil-militar de 1964, partindo com sua guarnição de Juiz de Fora (MG) para o Rio de Janeiro, sem prevenir os demais conspiradores, pegos de surpresa. Sempre na vanguarda do atraso, o falsário do Plano Cohen, posando de pioneiro, definiu-se, então, num rasgo de humor e humildade: "Eu sou apenas uma vaca fardada."

O ÚLTIMO A SAIR...

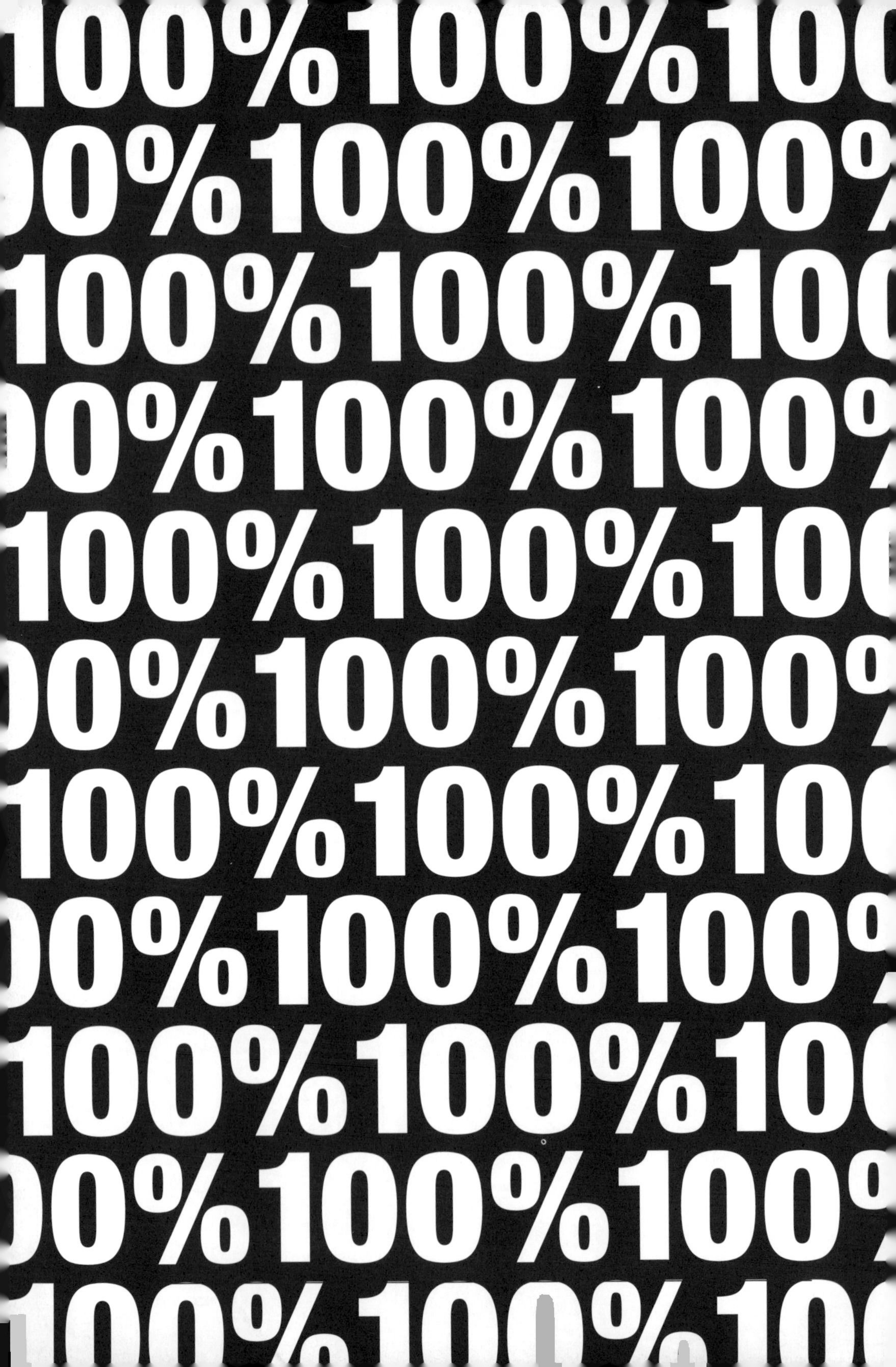
100%

OS INCORRUPTÍVEIS

262.800 DIAS

37.440 SEMANAS

6.307.200 HORAS

720 ANOS

262.800 DIAS

37.440 SEMANAS

6.307.200 HORAS

720 ANOS

262.800 DIAS

37440 SEMANAS

O mais antigo registro da palavra em português foi há 720 anos: *corrumpudo*. Mas será que ao longo desse tempo todas as pessoas foram corruptas? Cada um de nós conhece, ou conheceu, pessoas que não se corromperam. Ao menos uma, em geral mais de uma. Seriam exceções? Mesmo que haja uma linha demarcatória entre honestidade e desonestidade, nem sempre é possível dividir a humanidade entre corruptos e não corruptos. A variedade é enorme, assim como o ser humano é complexo. Há os corruptos chamados "meia porção", os de ocasião, os pontuais, os arrependidos e os tardiamente pervertidos. Os que só pegam leve e só agem escondidos. Há os que se revelam quando surge a ocasião. Mesmo que o implacável humorista Millôr Fernandes tenha afirmado que não existe "meio virgem".

Não poderiam faltar, neste livro sobre a corrupção no Brasil, exemplos de não corruptos. Públicos e notórios, mas também anônimos, os flagrados em ação de honestidade chegam até a virar notícia. Gestos e atitudes assim são numerosos, incontáveis.

BARBOSA LIMA SOBRINHO

Depois de ser deputado federal por três legislaturas seguidas, presidente de grande empresa estatal (Instituto do Açúcar e do Álcool) e governador de Pernambuco, seu estado natal, ao encerrar o mandato em 1951 voltou para o Rio de Janeiro, onde residia havia tempos. Reassumiu o cargo de professor da rede pública (lecionava história econômica) no colégio Amaro Cavalcanti e voltou para sua casa, a mesma onde residiria até falecer, aos 103 anos, em 2000. Seu patrimônio pessoal não havia aumentado. Durante décadas foi presidente da Associação Brasileira de Imprensa (ABI), cargo sem honorários, tornando-se patrono vivo dos jornalistas na defesa das liberdades públicas, da liberdade de imprensa. Dr. Barbosa, como o chamavam os mais próximos, foi escolhido para dar entrada, no Congresso Nacional, com o pedido de *impeachment* do então presidente Fernando Collor, que seria logo depois destituído, acusado de corrupção. Barbosa Lima combateu de maneira enfática as privatizações de estatais dos governos Fernando Henrique Cardoso, algumas das quais são chamadas hoje de "privataria tucana".

JOÃO CÂNDIDO FELISBERTO

O marinheiro que liderou a Revolta da Chibata nas águas da Baía de Guanabara em 1910 nasceu, viveu e morreu em situação de pobreza. Embora nunca tivesse sido chibatado, foi solidário a seus colegas de bordo que, organizados, obrigaram o governo a acabar com tais castigos físicos. O marujo tornou-se, na época, herói nacional, celebrado ou atacado pela imprensa e pelos políticos. Estava entre os milhares expulsos da Marinha de Guerra brasileira na repressão ao movimento. Não conseguiu arranjar trabalho devido às perseguições. Os governos ofereceram-lhe empregos: na polícia política, como empregado doméstico de governantes, mas ele nunca aceitou. Durante quatro décadas trabalhou modestamente como carregador de cestos de peixe no Mercado da Praça XV, no centro do Rio de Janeiro. Somente no fim da vida, quando sua história foi parcialmente reconhecida, recebeu doações para construir uma casa simples em São João de Meriti, na Baixada Fluminense, numa rua sem calçamento nem iluminação elétrica. Ganhou apelidos heroicos, como Almirante Negro, e faleceu aos 89 anos, em 1969, na enfermaria de um hospital público carioca. Tinha a dignidade de um mestre-sala dos mares. Até hoje o governo federal nega anistia com indenização para os descendentes daqueles que participaram da Revolta da Chibata.

LUÍS CARLOS PRESTES

O lendário Cavaleiro da Esperança, a mais importante figura da esquerda no Brasil do século XX, recebeu pessoalmente de Getúlio Vargas, num encontro secreto, a quantia equivalente a US$ 400 mil, para que organizasse a parte militar do movimento de 1930, que levaria o político de São Borja ao poder. Prestes, convencido de que Vargas seria um líder burguês, doou o dinheiro para a União Soviética, que o usaria para financiar tentativas revolucionárias socialistas na América do Sul, inclusive no Brasil cinco anos depois. Luís Carlos Prestes passaria uma vida corajosa e atribulada de revolucionário convicto do socialismo numa sociedade capitalista: longos anos de exílio, clandestinidade e prisão (inclusive no isolamento). Eleito senador, teve seu mandato anulado por perseguição política. Depois de sua volta do exílio em 1980, Prestes mal podia sair na rua, sempre reconhecido e apontado com admiração e respeito. Quando faleceu, aos 92 anos, morava com a família num apartamento cedido por Oscar Niemeyer, seu amigo e companheiro comunista, e recebia ajuda de correligionários e familiares para a sua sobrevivência.

DESLIGUE SEMPRE A CHAVE GERAL ENQUANTO CARREGA AS BATERIAS E AO UTILIZAR O CONECTOR DE ALIMENTAÇÃO AUXILIAR
ALWAYS SWITCH OFF THE MASTER SWITCH WHEN CHARGING BATTERIES AND WHILE CONNECTING STAR HELP
APAGUE SIEMPRE EL INTERRUPTOR PRINCIPAL AL CARGAR LAS BATERIAS Y MIENTRAS QUE CONECTA LA AYUDA
VOLVO
TENÇÃO

JOÍLSON CHAGAS

Nem sempre o reconhecimento chega rápido aos que praticam ostensivamente a honestidade. Motorista de ônibus em Nova Friburgo (RJ), Joílson devolveu R$ 74.800 a um agricultor que esqueceu o pacote no veículo, no dia 22 de abril de 2011. De posse do embrulho, o motorista encontrou mais tarde um homem de cerca de 80 anos que chorava, em desespero, procurando a soma perdida. Conversando com ele, comprovou que era o dono do pacote e entregou-lhe a quantia na hora, não aceitando a recompensa de R$ 2 mil oferecida pelo gesto. Joílson é uma das vítimas das enchentes que devastaram a Região Serrana fluminense em janeiro de 2011. Ele tem um filho de 14 anos e sua esposa estava grávida quando a família viu a casa ser destruída. O governo estadual prometeu a entrega de novas residências aos desabrigados, mas a promessa ainda não foi cumprida. A família apoiou-o, só que nem todos os colegas de trabalho reconheceram sua atitude. Chegou a ser ofendido por alguns, recebeu hostilidades, seu crachá foi jogado no vaso sanitário e na parede do banheiro surgiu a pichação: "Chagas otário." No entanto, Joílson não se arrepende: "O dinheiro não era meu. É bom ficar com o que é nosso."

DOM HELDER CÂMARA

Certa noite, o arcebispo de Olinda e Recife dormia tranquilamente na casinha nos fundos da modesta igreja que escolhera como residência (sem qualquer segurança, vigia, nem sequer cadeado na porta), quando uma mulher de aparência humilde chamou-o do lado de fora, nos idos da década de 1970. Com ar aflito, ela carregava uma pesada mala e pediu para entrar nos aposentos. A valise vinha estufada de dólares, dinheiro vivo. Chorosa, a desconhecida contou que encontrara esse dinheiro na rua e não sabia o que fazer com ele. Atordoada, achou por bem entregá-lo a D. Helder, conhecido por sua atuação junto aos pobres das ruas, periferias e favelas. O arcebispo não teve dúvidas e, com sua mansa sabedoria, despachou a mulher de volta com a mala: "Leve o dinheiro para o governador, minha filha, ele saberá muito bem o que fazer com isso."

Personagem marcante do século XX, tanto na esfera brasileira quanto na esfera internacional, D. Helder passou por poucas e boas. O jovem padre cearense, adepto do integralismo (movimento de inspiração nazifascista) nos anos 1930, tornou-se um ousado bispo reformista social nos anos 1950 e, após o golpe civil-militar de 1964, um arcebispo libertário em defesa dos pobres, da liberdade e da justiça, enfrentando corajosamente a ditadura e seus podres poderes. Impedido de falar (até de ter o nome apenas citado nos meios de comunicação brasileiros), D. Helder percorria o mundo em palestras, denunciando a violência da desigualdade social, da fome e da tortura no Brasil. Faleceu no mesmo despojado aposento dos fundos da igrejinha, em 1999, aos 90 anos. Servindo de exceção à lei e de exemplo de antiga tradição religiosa, D. Helder foi enterrado no chão da catedral de Olinda, a cavaleiro das palmeiras e do mar azul esverdeado.

TEN
DISRAELI

DISRAELI GOMES E RONALDO CADAR

A honestidade é destacada. Os dois militares, do Batalhão de Choque da PM, comandaram uma tropa de 11 homens que prendeu Antonio Francisco Bonfim Lopes, vulgo Nem, chefe do tráfico de drogas na Rocinha, a maior favela carioca. O detido ofereceu, na hora, R$ 1 milhão para que fosse liberado. O suborno não foi aceito e Nem continua preso. Os dois tenentes foram alvo de reportagens e apareceram, sorrindo orgulhosos, nos jornais e nas emissoras de TV. Nos últimos dois anos, mais de quinhentos integrantes da PM foram expulsos da corporação, por envolvimento em atividade criminosa.

FRANCISCO BASÍLIO CAVALCANTI

Faxineiro do aeroporto internacional de Brasília, casado, cinco filhos, jornada de trabalho de 12 horas e remuneração de um salário-mínimo.

Esses dados resumiam a vida de Francisco Basílio Cavalcanti que, em março de 2004, achou US$ 10 mil esquecidos no banheiro do aeroporto, além de passaporte e documentos pessoais, pertencentes ao suíço René Dam, que viajava em companhia da mulher. Os dois haviam feito uma escala em Brasília e seguiram para Manaus. Dinheiro devidamente devolvido, Francisco virou praticamente uma celebridade nacional.

Talvez por ter acontecido em Brasília, a atitude de Francisco rendeu-lhe uma baita fama: ganhou uma viagem para visitar sua terra natal no Ceará; foi recebido pelo então presidente da República no Palácio do Planalto, foi garoto-propaganda do governo federal, deu entrevista em um programa de televisão. Como se não bastasse, Francisco ainda teve o mérito de ser o primeiro cidadão a ser homenageado por honestidade pelo Ministério Público de Brasília!

Quase dez anos depois de toda essa história, Seu Chico, como é mais conhecido, ainda mora na mesma cidade em Goiás. Entrevistado recentemente, Seu Chico declarou:

"Depois de tudo isso, digo que o dono do dinheiro me deu muita coisa. Lucrei muito mais em devolver, porque, além de hoje estar bem, posso deitar tranquilamente a cabeça no travesseiro."

Em uma coluna sobre ética citando vários cidadãos dignos de exemplo, Frei Betto falou de Seu Chico e escreveu: "O que essas pessoas fizeram não deveria ser considerado extraordinário. No entanto, frente aos casuísmos, ao nepotismo, à malversação, ao cinismo de parlamentares tentando justificar o injustificável, convém propalar o exemplo desses professores de ética."

HERÁCLITO FONTOURA SOBRAL PINTO

Se as leis fossem sempre justas e cumpridas, todo cidadão seria um Dr. Sobral. Ao longo de seus 98 anos de vida, foi um cumpridor intransigente da lei, não obediente defensor de governos. Recusava dar um passo fora da legalidade. Um exemplo: quando foi decretado o Ato Institucional nº 5, em nome do moribundo marechal-presidente Costa e Silva, em dezembro de 1968, o conhecido advogado, já com 75 anos, enviou-lhe uma carta (publicada em jornais) que iniciava assim: "Cumprimentos devidos à sua alta dignidade e, também, à sua ilustre pessoa." E prosseguia:

"Através do referido Ato, V.Exa. instituiu, em nossa Pátria, a ditadura militar, contra a qual ninguém pode, no momento, lutar eficientemente. Fui, sou e serei homem do Direito, da Lei, da Justiça e da Ordem. Jamais conspirarei. Lutarei, porém, pela palavra verdadeira, enérgica e vibrante, contra a opressão que desceu sobre a minha Pátria. Palavra franca, leal e desinteressada, que não quer Poder, posição e qualquer Dignidade, administrativa e eletiva. Quero, apenas, Ordem jurídica decente, digna e respeitadora da dignidade da pessoa humana, da liberdade individual, e das liberdades públicas, princípios estes que estão varridos, no presente, da minha e da Pátria de V. Exa."

Quatro agentes da Polícia Federal foram até Sobral Pinto e deram-lhe ordem de prisão. Ele recusou-se acatar a "determinação ilegal" e a segui-la com seus próprios pés. Foi erguido pelos policiais e arrastado à força. Encerrou a missiva ao marechal-presidente do seguinte modo: "Divulgando essas palavras, severas, mas respeitosas, estou unicamente a cumprir dever inerente à minha condição de cidadão. Queira receber, Sr. Presidente, as homenagens leais e sinceras do modesto concidadão e humilde servidor."

Homem de convicções conservadoras, anticomunista, católico fervoroso que ia à missa e comungava todo dia, o conhecido advogado defendeu, gratuitamente, o líder comunista Luís Carlos Prestes, quando este ficou nove anos preso e incomunicável na ditadura Vargas (Estado Novo, 1937 –1945). Advogou também, sem honorários, o escritor Graciliano Ramos e o dirigente comunista alemão Harry Berger, barbaramente torturado pela polícia de Getúlio Vargas. Do mesmo modo, defendeu os nove chineses da Missão Comercial detidos durante a quartelada de 1º de abril de 1964, acusados de agentes terroristas à serviço da subversão de Pequim.

Apesar de sua atuação política, Dr. Sobral nunca teve emprego ou cargo público, sempre sobreviveu de seu trabalho de advogado. Chegou a recusar convite de Juscelino Kubitschek para se tornar ministro do Supremo Tribunal Federal, pois não queria que sua defesa da posse do presidente surgisse como baseada em interesse pessoal. Num de seus últimos aparecimentos, no gigantesco comício das Diretas Já, no Rio de Janeiro, em 1984, foi aplaudido por dezenas de milhares de pessoas (que formavam um mar multicor de bandeiras e faixas verdes, amarelas e vermelhas). Impedidos de votar para presidente da República, os manifestantes se emocionaram ao ouvi-lo, já com a voz fraca e rouca, pronunciar uma única frase, base jurídica da moderno liberalismo democrático: "Todo poder emana do povo e é em seu nome exercido!" Já não há mais liberais como antigamente.

MARLI MULHER

A CORAGEM QUE DERROTOU A CORRUPÇÃO

Uma mulher negra, pobre, mãe solteira, moradora das enxotadas periferias, enfrentou sozinha entranhada forma de corrupção policial: assassinatos e autoproteção.

MARLI PEREIRA SOARES

Marli Pereira Soares, 27 anos, assistiu em 1979 ao assassinato de seu irmão, Paulo Pereira da Silva, 19 anos, por policiais militares que, à paisana, formavam grupos de extermínio na Baixada Fluminense (RJ). Foi à delegacia registrar queixa e se dispôs a ir até o fim para localizar e punir os assassinos. As dificuldades administrativas e burocráticas formavam muralha. Diante da insistência, vieram as ameaças contra ela e seus filhos da parte de bandidos fardados da Polícia Militar. O barraco onde morava foi incendiado. Mas a ditadura fraquejava. Superada a condição de irmã da vítima, surge a Marli Mulher (em contraponto à novela *Malu Mulher*), apelido criado por militantes de movimentos dos direitos humanos, de grupos feministas e outros contra a desigualdade racial. O apelido foi logo espalhado pela imprensa, que, sem censura prévia, deu espaço ao caso.

O ponto marcante foi quando os comandos da PM, depois de obstruírem a investigação como puderam, cederam sob pressão do Poder Judiciário (e da mídia e dos movimentos sociais) e apresentaram os subordinados para reconhecimento. Mais uma vez a intimidação foi superada pela coragem. A corporação colocou os soldados e praças, armados, em fila no pátio do batalhão de Nova Iguaçu. Marli, jovem, bonita, rosto intenso e sério, percorreu altiva a fileira de policiais militares, rebatendo olhares rancorosos e desrespeitosos, ameaças e comentários sexuais. Ela foi mais de vinte vezes ao quartel e mais de cinquenta vezes à delegacia. Ao passar em revista a tropa militar masculina, imagem desfraldada em jornais e emissoras de TV, Marli pôde identificar os assassinos (presos, julgados e condenados) do irmão e também enquadrou o poder fardado. Dizer que só uma ditadura é eficaz para acabar com a violência e a corrupção não faz sentido. Não foi um regime arbitrário, mas a liberdade de expressão, insuflada pela coragem, que derrotou a corrupção e a violência nesse episódio, quando a ditadura enfraquecia. É marcante a lembrança de Marli Mulher, que afirmou ter pavor de barata, mas não de polícia.

BIBLIOGRAFIA

• OBRAS DE REFERÊNCIA:

BLUTEAU, Raphael. *Vocabulario portuguez & latino: aulico, anatomico, architectonico*. Coimbra: Collegio das Artes da Companhia de Jesus, 1712-1728. 8 v. Disponível em: http://www.brasiliana.usp.br/bbd/search?filtertype=author_t&filter=bluteau&submit_search-filter-controls_add=Buscar. Acesso em 20/4/12.

COSTA, F. A. Pereira da. *Vocabulário pernambucano*. Recife: Imprensa Oficial, 1937. Os provérbios de Pernambuco foram extraídos desta obra.

FGV (Fundação Getúlio Vargas). *Dicionário histórico-biográfico brasileiro*. Rio de Janeiro: FGV, 1982. 4 v. Disponível e atualizado em: cpdoc.fgv.br/acervo/dhbb. Acesso em 18/4/12.

HOLANDA, Aurélio Buarque de. *Novo Dicionário Aurélio*. Dicionário eletrônico em CD-Rom. Curitiba: Editora Positivo, s.d.

MOTA, Leonardo. *Adagiário brasileiro*. Fortaleza/Rio de Janeiro: Universidade Federal do Ceará/José Olympio, 1982. Os ditados brasileiros foram extraídos desta obra.

PINTO, Luiz Maria da Silva. *Diccionario da lingua brasileira*. Ouro Preto: Typographia de Silva, 1832. Disponível em: http://www.brasiliana.usp.br/bbd/handle/1918/02254100#page/1/mode/1up. Acesso em 22/4/12.

SILVA, Antonio Moraes e. *Diccionario da lingua portugueza*. Lisboa: Typographia Lacerdina, 1813. Disponível em: http://www.brasiliana.usp.br/. Acesso em 15/4/12.

VITERBO, frei Joaquim de Santa Rosa. *Elucidário das palavras, termos e frases antiquadas da língua portuguesa*. 2.ed. 2 t. Organização e notas: Inocêncio Silva. Lisboa: A. J. Fernando Lopes, 1865 (1798).

• OBRAS GERAIS:

ANÔNIMO [Manoel da Costa]. *Arte de furtar, espelho de enganos, theatro de verdades, mostrador de horas minguadas, gazua geral dos Reynos de Portugal. Offerecida a El Rey Nosso Senhor D. João IV para que a emende*. Amsterdã: Officina de Martinho Schagen, MDCCXLIV (1744).

ASSIS, José Carlos de. *Os mandarins da República. Anatomia dos escândalos da administração pública, 1968-84*. Rio de Janeiro: Paz e Terra, 1984.

BETTO, Frei. *O Corruptômetro*. 27/11/2009. Disponível em: http://www.adital.com.br/site/noticia.asp?lang=PT&cod=43358. Acesso em 22/4/12.

BLOCH, Editora. *Reportagens que abalaram o Brasil*. Rio de Janeiro: Bloch, 1972.

BOFF, Leonardo. *Corruptio optimi pessima est*. 19/7/2005. Disponível em: http://www.adital.com.br/site/noticia2.asp?lang=PT&cod=17749. Acesso em 20/4/12.

BRASIL. *Código Brasileiro de Trânsito*. Brasília: Ministério das Cidades, 2008.

BRECHT, Bertolt. *Antologia poética*. Versão e prefácio de Edmundo Moniz. Rio de Janeiro: Elo Editora, 1983.

CINTRA, Assis. *Os escândalos da Primeira República*. São Paulo: J. Fagundes, 1936.

COARACY. Vivaldo. *Memórias da cidade do Rio de Janeiro*. Rio de Janeiro: José Olympio, 1955.

COTTA, Luiza Cristina Villaméa. *Adhemar de Barros (1901-1969): a origem do 'rouba, mas faz'*. Dissertação de Mestrado em História. São Paulo: FFLCH/USP, 2008.

DUTRA, Eloy. *IBAD, sigla da corrupção*. Rio de Janeiro: Civilização Brasileira, 1963.

FAZENDA, José Vieira. *Antiqualhas e memórias do Rio de Janeiro*. 5 v. Rio de Janeiro: IHGB, 1921-1927.

FERNANDES, Millôr. *Trinta anos de mim mesmo*. Rio de Janeiro: Nórdica, 1972.

ITARARÉ, Barão de (Apparício Torelly). *Almanhaque ou Almanaque D'A Manha para o primeiro semestre do ano da graça de 1949 e adjacentes*. Rio de Janeiro: Empresa Gráfica da Revista dos Tribunais, 1949.

__________. *Almanhaque ou Almanaque D'A Manha correspondente ao 2º semestre de 1955*. Edição fac-similar. São Paulo: EDUSP/Studioma, 2005.

LARA, Silvia Hunold (org.). *Ordenações Filipinas. Livro V*. São Paulo: Companhia das Letras, 1999.

LUSTOSA, Isabel. Do ladrão ao barão. *Folha de S. Paulo*, Caderno Mais, 3/6/2007.

MARTINS, Paulo Guilherme. *Um dia na vida do Brasilino*. São Paulo: Brasiliense, 1961.

MATOS. Gregório de. *Poemas escolhidos*. Org. José Miguel Wisnik. São Paulo: Cultrix, 1972.

MOLICA, Fernando (org.). *50 anos de crimes. Reportagens policiais que marcaram o jornalismo brasileiro*. Rio de Janeiro: Record, 2007.

MONTEIRO, Manoel. *O Procon sem mistério nos mistérios do cordel*. Campina Grande: Cordeleria Poeta Manoel Monteiro, 2006

MOREL, Edmar. *O golpe começou em Washington*. Rio de Janeiro: Civilização Brasileira, 1965.

__________. *Histórias de um repórter*. Rio de Janeiro: Record, 1999.

MOREL, Marco. *O período das regências (1831-1840)*. Rio de Janeiro: Jorge Zahar, 2003.

NERY, Sebastião. *350 histórias do folclore político*. Rio de Janeiro: Editora Tora, 1973.

__________. *Folclore político III*. Rio de Janeiro: Record, 1978.

PIERONI, Geraldo. *Os excluídos do reino. A Inquisição portuguesa e o degredo para o Brasil colônia*. Brasília: UnB, 2000.

PONTE PRETA, Stanislaw (Sérgio Porto). *Tia Zulmira e eu*. Rio de Janeiro: Ed. do Autor, 1961.

__________. *Primo Altamirando e elas*. Rio de Janeiro: Sabiá, 1962.

__________. *Rosamundo e os outros*. Rio de Janeiro: Ed. do Autor, 1963.

__________. *FEBEAPÁ 1 (Primeiro Festival de Besteira que Assola o País)*. Rio de Janeiro: Sabiá, 1966.

__________. *FEBEAPÁ 2 (Segundo Festival de Besteira que Assola o País)*. Rio de Janeiro: Sabiá, 1967.

__________. *FEBEAPÁ 3 (Terceiro Festival de Besteira que Assola o País)*. Rio de Janeiro: Sabiá, 1968.

__________. *Máximas inéditas de Tia Zulmira*. Rio de Janeiro: Codecri, 1976.

RIBEIRO, Renato Janine. Corrupção cultural ou organizada? *Folha de S. Paulo*, 28/6/2009.

RIBEIRO JUNIOR, Amaury. *A privataria tucana*. São Paulo: Geração Editorial, 2011.

SOARES, Marli Pereira. *Marli mulher*. (Entrevista e texto de Maria Alice Rocha e Maria Teresa Moraes.) Rio de Janeiro: Avenir, 1981.

ICONOGRAFIA

AS CARAS DA CORRUPÇÃO

Se a corrupção tivesse uma cara, que imagem ela teria? Desde o surgimento da imprensa e da publicação da primeira caricatura em um jornal, o tema é recorrente no trabalho dos nossos maiores caricaturistas e chargistas. Já em 1837, o escritor e pintor Araújo Porto Alegre foi o primeiro a traduzir em imagem a sua indignação diante da cooptação de um conhecido jornalista para escrever a favor do governo. Mordazes e visionários, Ângelo Agostini e Bordalo Pinheiro, ainda no século XIX, deram cara e corpo à muitos fatos políticos do império, criando revistas ilustradas que alcançaram ampla circulação na corte do Rio de Janeiro, então epicentro dos principais acontecimentos e dos grandes escândalos do governo. Em um país de maioria escrava e onde boa parte da população livre tinha baixos níveis de escolaridades, a ilustração era uma arma poderosa nas mãos desses artistas, criando símbolos que persistem até hoje: para quem acha que a vassoura só apareceu para combater a roubalheira nas mãos de Jânio Quadros, aí estão as vassouras do Agostini, limpando a sujeira do Império. A vassoura como símbolo de combate à corrupção, quem diria, é coisa nossa desde o século XIX.

E a imagem do mar de lama? *Mise-en-scène* do Carlos Lacerda para cima do Velho? Nada disso. Em 1910, J. Carlos já denunciava as agruras da política externa brasileira, que tinha que passar pela "politicagem" da câmara, chafurdada como um porco. Novamente, a vassoura estava lá, subvertida nas mãos de quem se afundava em tanta sujeira.

Já fomos colônia, depois um Império e seguimos tentando ser uma República. Mudamos muito e não podemos dizer que a corrupção se mantém a mesma, já que uma sociedade sempre se transforma. Lan, Nássara, Angeli e Chico Caruso, artistas contemporâneos que completam o time dos nossos grandes artistas do traço político, atualizam visualmente a discussão e acrescentam novos elementos visuais a um tema que, apesar de todas as mudanças, insiste em não sair de cena. Os acontecimentos não são aborrecidamente lineares, assim como a história também não é. Sorte nossa, pois se caminhássemos em linha reta, a essa altura do campeonato não sobraria mais nada mais para ser corrompido. Sempre haverá luz no fim do túnel – ou no final do livro - desde que haja pessoas dispostas a mudar a cara dessa história.

Renata Santos

Rafael Bordalo Pinheiro. *O Besouro*. Rio de Janeiro, 28 de setembro de 1878/ Acervo Marco Morel. [p. 1]

Ângelo Agostini. *Semana Ilustrada*. Rio de Janeiro, 10 de outubro de 1867. Acervo Marco Morel. [p. 10]

FIGURINHAS CARIMBADAS

Lan. Carlos Lacerda, "O Corvo". [p. 20]

Anônimo. Extraído de WRIGHT, Thomas. *Histoire de la caricature et du grotesque dans la littérature et dans l'art*. Paris: A. Delahays, 1875. Acervo MM. [p. 24]

Clichê xilográfico de cartas de jogar. C. 1809. Impressão Régia. Acervo Biblioteca Nacional. [p. 26]

Henrique Fleiuss. *Semana Ilustrada*. Rio de Janeiro, 1863. Acervo MM. [p. 30]

Anônimo. Extraído de WRIGHT, Thomas. *Histoire de la caricature et du grotesque dans la littérature et dans l'art*. Paris: A. Delahays, 1875. Acervo MM. [p.31]

Ângelo Agostini. *Revista Ilustrada*. Rio de janeiro, 5 de agosto de1882. Acervo MM. [p. 32]

Kacio Pacheco. CB/D.A Press. [p. 36]

Joseph Mill. *Bazar Volante*, 6 de maio de 1886. Acervo Marco Morel. [p. 38].

Araújo Porto Alegre. [p. 43]

Ângelo Agostini. *Revista Ilustrada*. Rio de Janeiro, 1889. Acervo Marco Morel. [p. 45].

J. Carlos. "Tratado de Malandragem". Acervo Família J. Carlos. [pp. 46, 48, 49]

Luigi Borgomainerio. *Vida Fluminense*. Rio de Janeiro, 3 de abril de 1875. Acervo Marco Morel. [p. 52]

Nássara. Acervo Família Nássara. [p. 54]

Rafael Bordalo Pinheiro. *O Besouro*. Rio de Janeiro, 1878. Acervo Marco Morel. [p. 58].

ELES CONFUNDEM O GOVERNO COM A CASA (DELES)

Sem autor. *O Mequetefre*. Rio de Janeiro, 1887. Acervo Marco Morel. [pp. 64, 67]

Ângelo Agostini. *Revista Ilustrada*. Rio de Janeiro, 1881. Acervo Marco Morel. [p. 70]

Rafael Bordalo Pinheiro. *O Besouro*. Rio de Janeiro, 1878. Acervo Marco Morel. [pp. 72 e 73]

Rafael Bordalo Pinheiro. *O Besouro*. Rio de Janeiro, 1878. Acervo Marco Morel. [pp. 76]

Amaro. Detalhe. "Como se faz uma eleição". *Revista da Semana*. Rio de Janeiro, novembro de 1909. Acervo Biblioteca Nacional. [p. 79]

Nabor Goulart. Agência Freelancer Fotojornalismo. [p. 82]

Ângelo Agostini. *Revista Ilustrada*. 1876. Acervo Marco Morel. [p. 84]

Isabel Lustosa. *Histórias de presidentes – A república no Catete*. Rio de Janeiro: Editora Vozes, 1989. P.143. [p. 86]

Luigi Borgomainerio. *Vida Fluminense*, 3 de abril de 1875. Acervo Marco Morel. [p. 88]

J. Carlos. "Duplicata". Acervo Família J. Carlos. [p. 92]

Angeli. "Tempos Modernos". ©Angeli - FSP 1997. [p. 96]

Seth. "Ladrão que rouba ladrão". *O Gato, álbum de caricaturas*. Rio de Janeiro, 1913. Acervo BN. [p. 98]

Ângelo Agostini. *Revista Ilustrada*. Rio de Janeiro, 1896. Acervo Marco Morel. [p. 104]

Ângelo Agostini. *Revista Ilustrada*. Rio de Janeiro, 5 de agosto 1882. Acervo Marco Morel. [p. 105]

H. Daumier. Champfleury. *Histoire de la caricature moderne*. Paris: E. Dentu Éditeur, [1885]. Acervo Marco Morel. [p. 106]

A CORRUPÇÃO QUE CORRÓI

Diário da noite 9 de setembro de 1944. Reportagem de Edmar Morel. Acervo Biblioteca Nacional. [pp. 112, 114]

Hugo Leal. *O Gato, álbum de caricaturas*. Rio de Janeiro, 1913. Acervo Biblioteca Nacional. [p. 116]

Joseph Mill. *Bazar Volante, 6 de maio de 1886*. Acervo Marco Morel. [p. 120]

Rafael Bordalo Pinheiro. *O Besouro*, 20 de julho de 1878. Acervo Marco Morel. [p. 122]

Araújo Porto Alegre. Litografia de Victor Larée. "A Campainha e o Cujo". 1837. Acervo Biblioteca Nacional. [p. 128]

Ângelo Agostini. *Revista Ilustrada*, Rio de Janeiro,1880. Acervo Marco Morel. [p. 130]

Araújo Porto Alegre. *A Lanterna Mágica*. Rio de Janeiro, 1844-1845. Acervo Biblioteca Nacional. [p. 134]

JK e Foster Dulles. 6 de agosto de 1958. Agência JB. [pp. 136/137]

Rafael Bordalo Pinheiro. *O Besouro*. Rio de Janeiro, 28 de setembro de 1878. Acervo Marco Morel. [p. 147]

VAMOS DAR UM JEITINHO

J. Carlos. Acevo Família J. Carlos. [pp. 150, 151]

Ângelo Agostini. *O Mosquito*. Rio de Janeiro, 1872. Acervo Marco Morel. [pp. 152, 153, 162]

Peça de campanha Jânio Quadros. Acervo Marco Morel. [p. 166]

Nássara. Família Nássara. [p. 169]

Voltolino. *O Gato, Álbum de caricaturas*. Rio de Janeiro, 1913. Acervo Biblioteca Nacional. [p. 172]

Angeli. "Raízes da Corrupção". ©Angeli - FSP 2003 [pp. 174/175]

Hugo Leal. *O Gato, Álbum de caricaturas*. Rio de Janeiro, 1913. Acervo Biblioteca Nacional. [pp. 178, 179, 180, 184, 187]

ALARME FALSO

Ângelo Agostini. Revista Ilustrada. 1876. Acervo Marco Morel. [p. 193]

H. Daumier. Champfleury. *Histoire de la caricature moderne*. Paris: E. Dentu Éditeur, [1885]. Acervo Marco Morel. [p. 194]

Rafael Bordalo Pinheiro. *O Besouro*. Rio de Janeiro, 28 de setembro de 1878. Acervo Marco Morel. [p. 196]

Sem autor. *O Século*. Lisboa, 1° de dezembro de 1903. Acervo Marco Morel. [p. 197]

J. Carlos. Acervo Família J. Carlos. [p. 200]

Nássara. Acervo Família Nássara. [p. 202]

Rafael Bordalo Pinheiro. *O Besouro. Rio de Janeiro, 1876*. Acervo Marco Morel. [p. 210]

Chico Caruso. *O Globo*, 19, 20, 29 e 30 de setembro de 1992. [pp. 212, 213, 214, 215]

OS INCORRUPTÍVEIS

Barbosa Lima Sobrinho. 1992. Fotógrafo Julio Cesar Melo. Acervo do Projeto Comunicar da PUC-Rio. [p. 220]

João Cândido Felisberto. Acervo Marco Morel. [p. 222]

Luís Carlos Prestes. 1980. Fotógrafo Antônio Albuquerque. Acervo do Núcleo de Memória da PUC-Rio. [p. 224]

Joílson Chagas. Fotógrafo Paulo Nicolella. Agência O Globo. [p. 226]

Dom Helder Camara. 1991. Acervo Núcleo de Memória da PUC-Rio. [p. 228]

Disraeli Gomes e Ronaldo Cadar. Fotógrafa Ana Branco. Agência O Globo. [p. 230].

Francisco Basílio Cavalcanti. Fotógrafo Givaldo Barbosa. Agência O Globo. [p. 232].

Heráclito Fontoura Sobral Pinto. Fotógrafo Antonio Carrera. Agência O Globo. [p. 234]

Marli Pereira Soares. Fotógrafo Alberto Jacob. Agência O Globo [pp. 238/239]

1ª edição julho 2012
impressão Intergraf
papel de miolo Off set 90g/m²
papel de capa Cartão Supremo 250g/m²
tipografia Times e Helvetica Neue